Projektheft KITA

Komm mit raus

In der Natur kenn ich mich aus

Martina Wagner

Praxisbausteine zu Entdeckungen in **Wald** und **Park**

Verlag an der Ruhr

Impressum

Titel
Komm mit raus – In der Natur kenn ich mich aus
Praxisbausteine zu Entdeckungen in Wald und Park

Autorin
Martina Wagner

Umschlagmotiv
© BlueOrange Studio – stock.adobe.com

Rahmenlayout-Elemente
Blätterranke © Mureu, Icon Fuchs © sntpzh, Vögel © PinkPueblo, Baum und Strauch © Achim1992m, Käfer © Kazakova Maryia, Wildschwein und Waldmaus © Zhenyakot, Eichhörnchen © Ala Sharahlazava, Pilze © Nadya Dobrynina – alle Shutterstock.com

Fotos im Innenteil
wenn nicht anders angegeben: Martina Wagner

Lektorat
Verena Hafner, TEXTPUNKT, Leinfelden-Echterdingen

Satz und Layout
Q. Gute Grafik, Köln

Druck
Athesia Druck GmbH, Bozen, IT

Verlag an der Ruhr
Mülheim an der Ruhr
www.verlagruhr.de

Geeignet für Kinder von 3–6 Jahren

ISBN 978-3-8346-4917-1

Inhalt

Vorwort

Kinder brauchen elementare Naturerfahrungen

Die Umwelt unserer Kinder ist heute oft schnell, unruhig und virtuell. Städte werden immer größer, Brachflächen werden bebaut und die Natur schwindet. Während der Freiraum in der Natur immer kleiner wird, werden die Möglichkeiten der medialen Beschäftigung immer größer. Diese Entwicklung führt dazu, dass Kinder immer seltener in **Kontakt mit der Natur** sind. Dabei ist es ein elementares Grundbedürfnis, reale Naturerfahrungen zu machen.

Die Natur **regt alle Sinne an** und hilft Kindern, sich zu „erden". Kinder sind neugierig auf ihre Umgebung, die Natur mit ihren vielfältigen Pflanzen und Tieren. Sie leben im Hier und Jetzt und nehmen ihre Umgebung sehr bewusst wahr. Ein Spaziergang ist für Kinder mehr als gemeinsames Laufen, nämlich eine **spannende Entdeckungsreise**! Jedes Detail weckt ihre Aufmerksamkeit und ihre Neugierde: ein krabbelnder Käfer, der eine kleine Kugel vor sich herschiebt, die duftende Heckenrose mit ihren spitzen Dornen oder ein rotbraunes Eichhörnchen, das flink einen Baum erklimmt.

Der größte Spielplatz der Welt

Mit all ihren Sinnen und in Bewegung erleben Kinder ihre Umwelt. Die Natur ist ein großer Abenteuerspielplatz – hier gibt es immer etwas zu entdecken, zu beobachten und zu bestaunen!

Die Natur – ein Lern- und Erfahrungsraum!

Zeit in der Natur fördert die mentale und soziale Entwicklung von Kindern. **Entdeckerfreude und Wissensbildung**, aber auch Kreativität, Konzentration, Achtsamkeit und Empathie werden ausgelebt und gestärkt. Das kindliche Spielverhalten ist draußen viel **(inter-) aktiver** als drinnen. Allein die Begegnung mit schönen Naturszenerien, wie einer gelb leuchtenden Löwenzahnwiese, einem plätschernden Bach oder beeindruckend hohen Baumwipfeln, haben eine stabilisierende, entspannende und **beruhigende Wirkung** auf Körper und Geist. Die Kinder lernen in der Natur **ganzheitlich** mit Kopf, Herz und Hand.

Gemeinsam auf Entdeckungsreise

Bieten Sie Ihren Kindern ausgiebig Gelegenheit, in naturnahe Landschaften einzutauchen. Draußen können sie ganz selbstvergessen spielen und sein: in Baumwipfel schauen, an Blüten schnuppern, Steine sammeln oder kleine Krabbeltiere beobachten. Gehen Sie gemeinsam auf Entdeckungsreise, machen Sie **Streifzüge durch Wald, Park und Wiese**, wo jeder Kieselstein und jedes kleine Insekt die Kinder faszinieren. Planen Sie ausreichend Zeit ein, damit sich Geräusche und Stille, der Geruch von Erde, die Farben der Blumen und die unendliche Vielfalt an Tieren und Pflanzen einprägen können.

Wir alle sind Teil der Natur, die uns umgibt. Laden Sie Ihre Kinder ein, sich mit der Natur zu verbinden. **Regelmäßige Naturbegegnungen**, die Freude machen, die Neugierde wecken und alle Sinne ansprechen, sorgen dafür, dass die Kinder zu einer fürsorglichen, liebevollen und respektvollen Einstellung gegenüber der Natur und sich selbst finden. Erkennen Sie mit der Gruppe den Stellenwert der Natur als wichtige Grundlage für unser aller Leben, für Wohlbefinden, Stille, Kreativität, Achtsamkeit, Staunen und als Quelle gesunder Nahrung. Je früher die Kinder Natur erleben dürfen, desto tiefer werden sich die gemachten Erfahrungen und das erlernte Wissen verwurzeln. Was die Kinder lieben lernen, das schützen sie auch.

Mit diesem Buch halten Sie eine **umfangreiche Ideensammlung** in Händen, um mit Kindergartenkindern die Natur zu entdecken und zu erleben. Dabei wünsche ich Ihnen und Ihren Kindern viel Freude!

Ihre Martina Wagner

Der Verlag an der Ruhr legt großen Wert auf eine geschlechtergerechte und inklusive Sprache. Daher nutzen wir bevorzugt das Gendersternchen, um sowohl männliche und weibliche als auch nichtbinäre Geschlechtsidentitäten einzuschließen. Alternativ verwenden wir neutrale Formulierungen.

Ein Natur-Projekt im Kindergarten

© Phovoir – Shutterstock.com

Ab in die Natur!

Kinder zeigen großes Interesse an der Schönheit und Vielfalt der Natur. Sie sind neugierig und haben viele Fragen: Warum können Eichhörnchen kopfüber klettern? Warum klopft der Specht an den Baumstamm? Und warum verlieren die Bäume im Herbst ihre Blätter? Die Natur bietet Kindern ein vielfältiges Lern- und Spielfeld, das sie **mit allen Sinnen und in Bewegung** erkunden können – ein riesengroßer Abenteuerspielplatz!

Kinder lernen am besten durch **Eigenaktivität**. Indem sie Dinge selbst erkunden und ausprobieren, begreifen und verstehen sie die Welt. Die freie Natur bietet dafür wunderbare Räume und Möglichkeiten. Hier werden kleine Weltentdecker*innen mit Situationen konfrontiert, in denen sie **kognitive, soziale und emotionale Kompetenzen** erwerben.

Pädagogische Zielsetzungen

Wald und Park als Lebens- und Erfahrungsräume wirken sich positiv auf die gesamte kindliche Entwicklung aus:

Bewusster Umgang mit der Natur

Im Grünen können sich die Kinder unmittelbar als Teil der Natur erleben und eine Beziehung zu ihr aufbauen. Durch die vielfältigen Erlebnisse und ihr Spiel im Freien erhalten sie einen natürlichen Zugang zur Natur. Dies kann die Grundlage für einen späteren verantwortungsvollen und bewussten Umgang mit der Umwelt, ihren Pflanzen und Lebewesen sein.

Wissen über Tiere und Pflanzen

Während des Aufenthaltes in Wald oder Park erleben die Kinder Tiere und Pflanzen in ihrem natürlichen Lebensraum. Durch Beobachtungen und direkte Kontakte können sie wichtige Kenntnisse und Erfahrungen sammeln.

Selbstwirksamkeit

In der Natur können sich die Kinder ausprobieren und Vertrauen in ihre eigenen Fähigkeiten entwickeln. Sie lernen ganzheitlich mit Kopf, Herz und Hand.

Kreativität

Draußen, ohne vorgefertigtes Spielzeug, sind die Kinder zum eigenen Handeln herausgefordert. Das fördert Kreativität und Fantasie.

Ruhe und Entspannung

Die Kinder erfahren im Grünen Ruhe, die ihnen im Alltag oft fehlt. Sie können sich sammeln, zurückziehen und Distanz zur Reizüberflutung des Alltags finden.

Der Wald bietet viele Abenteuer!

Soziale Kompetenz

Gemeinschaftssinn und Sozialverhalten in der Gruppe werden durch gemeinsame Spiele und Aktionen draußen gefördert.

Aktiv und selbstbestimmt!

Ein Natur-Projekt im Kindergarten gibt den Kindern den Raum, selbstbestimmt zu handeln, zu forschen, zu experimentieren, sich zu bewegen und ihre Kräfte auszuprobieren. So lassen sie sich schnell begeistern und gewinnen Selbstsicherheit und Orientierung in ihrer Lebenswelt.

Ein Natur-Projekt planen

Bei einem Natur-Projekt verbringen Sie mit den Kindern viel Zeit in Wald und Park. Regelmäßige Spaziergänge und Ausflüge sind die Grundlage des Projektes. Wald oder Park sollten deshalb idealerweise zu Fuß erreichbar sein.

Der passende Aufenthaltsort

Überlegen und recherchieren Sie im Vorfeld: Welcher Ort ist für regelmäßige Aufenthalte mit Kindern geeignet? Bei einem längeren Aufenthalt im Wald empfiehlt es sich, das zuständige Forstamt zu kontaktieren: Kann eine Waldhütte genutzt werden? Gibt es Bänke und Tische, an denen die Kinder gemeinsam essen, basteln oder einer Geschichte lauschen können? Oder findet sich vielleicht ein*e Förster*in, der*die über entsprechendes Fachwissen verfügt und gemeinsame Exkursionen ermöglicht?

Sie können aber auch die Natur zu sich in die Kita holen und dort mit Naturmaterialien spielen und basteln. Auch der Außenbereich Ihrer Einrichtung bietet sicher einige Möglichkeiten.

Konkrete Vorüberlegungen

Planen Sie Ihr Natur-Projekt mit etwas Vorlauf im Team:

- In welchem **Zeitrahmen** soll das Projekt stattfinden (z. B. Jahresprojekt vs. Monatsprojekt vs. einzelne Wald-/Naturtage)?
- Welche **Altersgruppe** nimmt am Projekt teil (z. B. nur Vorschulkinder vs. die ganze Gruppe)?
- Welche **Inhalte und Themen** sollen bearbeitet werden?

Raum für Mitbestimmung

Beziehen Sie die Kinder von Anfang an in die inhaltliche Projektplanung ein: Was interessiert sie besonders? Welche Fragen haben sie? Auch während des laufenden Projektes können immer wieder neue Ideen, Fragen und Wünsche aufgegriffen und behandelt werden. In gemeinsamen Absprachen lernen die Kinder, einander zuzuhören, die Wünsche und Meinungen anderer zu akzeptieren, eigene Ideen einzubringen, sich zu behaupten und selbstständig zu denken.

Ein Natur-Projekt umsetzen

Einstieg in das Projekt

Wecken Sie das Interesse der Kinder, indem Sie mit ihnen über die heimische Natur ins Gespräch kommen: Welche Pflanzen, Bäume und Tiere kennen die Kinder? Erzählen Sie Geschichten rund um Natur und Tierwelt und schauen Sie gemeinsam entsprechende Bücher an. Was beeindruckt die Kinder, welche Fragen haben sie, was interessiert sie?

Und vor allem: Gehen Sie möglichst viel mit den Kindern nach draußen in den Wald, den Park oder eine naturbelassene Umgebung. Nur so können sie die Natur hautnah erleben, kennen- und lieben lernen. Besonders der Wald mit seiner großen Pflanzen- und Artenvielfalt ist beeindruckend und hält so manches Wunder und Geheimnis bereit, das entdeckt werden möchte!

Ideen und Angebote rund um die Natur

Um Ihr Natur-Projekt inhaltlich zu füllen, bietet dieses Buch vielfältige Geschichten, Angebote und Spiele. Die vorgestellten Aktivitäten können einzeln und unabhängig voneinander durchgeführt werden und lassen sich gut in den Jahresverlauf integrieren. Sie bieten sich aber vor allem als Bausteine für ein ganzheitliches Natur-Projekt mit Ihrer Kindergartengruppe an.

MATERIAL-TIPP

Jung, Heike: **Waldtiere – Fotokarten und Sachinfos**, Verlag an der Ruhr, 2008. ISBN 9783834604323.
Die Fotokarten eignen sich hervorragend, um verschiedene Waldtiere in Ihrer Gruppe einzuführen. In diesem Set erhalten Sie neben 16 farbigen Fotokarten (DIN A5) informative Steckbriefe und Beobachtungstipps zu den gängigsten Waldtieren.

Natursachgeschichten

Lebendige Geschichten rund um Wald und Park bieten einen informativen und interessanten Einstieg in elementare Naturerfahrungen. Indem Sie erzählen oder vorlesen, tauchen die Kinder in die Welt des Waldes mit seinen Tieren und Pflanzen sowie in die verschiedenen Jahreszeiten ein. Die Geschichten im Buch beschreiben die Veränderung der Natur im Jahreskreis, laden die Kinder zu eigenen Begegnungen mit der Natur ein und fördern so die Naturverbundenheit. Sie vermitteln Informationen zu heimischen Tieren und Pflanzen, die in weiteren Angeboten spielerisch und ganzheitlich vertieft werden.

Lassen Sie die Kinder begleitend über eigene Entdeckungen und Erfahrungen berichten. Vielleicht hat jemand schon einmal ein Eichhörnchen in den Bäumen beobachtet? Einen Vogel singen gehört? Oder ein Mauseloch entdeckt?

Naturerfahrungen

Kinder gehen gern auf Entdeckungsreise. Naturerfahrungen sind das Kernstück des Projektes, hier erleben und erfahren die Kinder die Natur mit all ihren Sinnen. Ernennen Sie die Jungen und Mädchen zu Naturforscher*innen und unternehmen Sie mit ihnen Streifzüge durch Wald und Park. Ausgerüstet mit Stofftaschen, Lupen und Naturführer, können sie selbst aktiv werden und nach spannenden Entdeckungen Ausschau halten. Seien Sie offen und gespannt, welche Details die Aufmerksamkeit der Kinder wecken, und machen Sie auf Dinge aufmerksam, die es sich außerdem zu erforschen lohnt.

TIPP

Ein Besuch des Försters oder der Försterin im Wald bietet sich an. Solche Profis können den Kindern nicht nur Wissenswertes über Tiere, Baumarten und Pflanzen vermitteln, sondern sie auch gezielt an interessante Aspekte der Natur heranführen (z. B. Besichtigung einer Wildschweinsuhle).

Lassen Sie den Kindern bei Ihren gemeinsamen Ausflügen genügend Zeit und Raum, um in Ruhe eigene Entdeckungen zu machen. Seien Sie achtsam und gespannt, was die Kinder entdecken, und teilen Sie ihre Freude über die kleinen Dinge. Das kann ein angenagter Fichtenzapfen, von Rehen abgefressene Baumrinde, ein krabbelnder Käfer am Boden oder ein kleines Erdloch unter einer Baumwurzel sein – wer weiß, vielleicht wohnt ja eine Maus darin?

Respekt vor der Natur

Wer Spuren oder sogar die zugehörigen Tiere im Wald entdecken will, muss aufmerksam und leise sein. Seien Sie bei Ihren Ausflügen ein Vorbild für die Kinder und gehen Sie mit der Natur und ihren Lebewesen achtsam und respektvoll um.

Regeln für kleine Naturforscher*innen

Sensibilisieren Sie die Jungen und Mädchen für einen verantwortungsbewussten Umgang mit unserer Natur. Stellen Sie gemeinsame Regeln für Ihre Aufenthalte im Grünen auf, z. B.:

- ✔ *Wir bleiben bei der Gruppe und immer in Sichtweite zu unserer Begleitperson.*
- ✔ *Wir verhalten uns rücksichtsvoll und leise, damit die Tiere nicht gestört werden.*
- ✔ *Unbekannte Waldfrüchte, Beeren, Gräser und Pilze werden nicht berührt oder gegessen.*
- ✔ *Tote Tiere und Kot fassen wir nicht an.*
- ✔ *Wir behandeln Pflanzen mit Respekt. (Dazu gehört, lebende Äste und Zweige nicht abzubrechen, Pflanzen und Blätter nicht wahllos abzureißen und Pilze nicht zu zertreten.)*
- ✔ *Wir sind Tieren gegenüber rücksichtsvoll: Wenn wir kleine Lebewesen unter die Lupe nehmen wollen, beobachten wir sie an Ort und Stelle. Regenwürmer, Asseln oder Käfer fassen wir nur mit größtmöglicher Vorsicht an und setzen sie dann wieder dorthin, wo wir sie gefunden haben.*
- ✔ *Wenn wir einen Stock in der Hand halten, gehen wir langsam und lassen die Arme unten.*
- ✔ *Unseren Müll nehmen wir mit nach Hause.*

Viele kleine Erlebnisse ergeben ein tolles Projekt!

Lieder und Fingerspiele

Projektbegleitend können Sie Lieder und Fingerspiele zum Thema *Natur* als wiederkehrende Elemente einsetzen. Die Kinder lassen sich davon schnell begeistern und wollen die Melodien und Reime immer wieder hören. Dabei können sie sich sinnlich und spielerisch mit Naturerfahrungen auseinandersetzen und ihre eigenen Erlebnisse vertiefen. Schließlich ist die Natur voller Klänge, Geräusche und Töne!

TIPP

Fordern Sie Ihre Kinder draußen immer wieder zu einem bewussten Lauschmoment auf: Es ist erstaunlich, was man alles hören kann, wenn man ganz still ist und seine Umgebung bewusst wahrnimmt. Wer mag, kann auch die Augen schließen! Im Wald sind vielleicht Blätterrauschen, Vogelgezwitscher oder das Klopfen eines Spechtes zu hören. Auf der Wiese im Park summen Bienen, brummen Hummeln und zirpen Grashüpfer und Grillen. Und am nahe gelegenen Bach plätschert das Wasser mal laut und mal leise. Gern werfen die Kinder Steine ins Wasser – herrlich, wie das platscht!

Kreativangebote

In jedem Kind steckt eine Menge Kreativität und Fantasie. Die Natur bietet unzählige Anlässe, die eigene Umgebung immer wieder neu zu entdecken. Im Spiel geben Kinder Naturgegenständen eine neue Bedeutung und gestalten damit ihre individuellen Spielwelten. Lassen Sie Ihre Kinder mit Naturmaterialien kreativ und spielerisch tätig werden. Sie werden es lieben, verschiedene Materialien auszuprobieren und damit zu experimentieren.

Ob im Wald, im Park oder in der Kita – Kinder können überall kreativ werden! So können Sie z. B. bei einem Spaziergang ein schönes Waldmandala mit der Gruppe legen oder am Wegrand Wichtelhäuser aus Moos und Rindenstücken bauen, die Sie immer wieder besuchen.

Zapfen, Kastanien, Eicheln, Rindenstücke, Steine oder Schneckenhäuser – gesammelte Naturmaterialien bewahren Sie in Schuhkartons oder kleinen Kisten auf. So haben die Kinder auch im Freispiel die Möglichkeit, diese beliebig zu verwenden und ihrer Kreativität freien Lauf zu lassen.

Bewegungsangebote

Kinder erschließen sich ihre Umwelt aktiv, mit allen Sinnen und vor allem in Bewegung. Schaffen Sie für die Jungen und Mädchen deshalb möglichst viele Gelegenheiten, sich ausreichend zu bewegen: Auf Spaziergängen in Wald und Park, an Naturtagen und bei Bewegungsspielen können sie sich nach Herzenslust austoben, laufen, hüpfen, balancieren und klettern. Die Natur weckt die Freude am Entdecken, Erforschen, Spielen und am eigenen Tun.

Erlebnis und Ergebnis visualisieren

Dokumentieren Sie den Projektverlauf: Was hat den Kindern gefallen? Was haben sie gelernt? Dazu können die Jungen und Mädchen etwas malen, das sie auf Plakaten oder in ihren Portfolios festhalten. Auch Äußerungen der Kinder, Fotos mit kurzen Rückmeldungen, Bastelarbeiten und gesammelte Objekte halten den Aktionsprozess fest. Die Dokumentation wächst mit dem Projekt! Durch die Präsentation bekommen auch die Eltern einen Einblick, was ihre Kinder bewegt, was diese im Rahmen des Projektes erlebt haben und welche positiven Eigenschaften sie durch die Naturerfahrungen entwickeln.

© Jacob Lund – Shutterstock.com

In Wald und Park – gemeinsam auf Entdeckungsreise!

Survival Kit – was bei einem Aufenthalt in Wald und Park nicht fehlen sollte:

- ✔ ***Forscherkoffer**: Lupen, Becherlupen, Ferngläser, Naturführer, Stofftaschen*
- ✔ ***Proviant**: Essen und Trinken in bruchsicheren Dosen und Flaschen*
- ✔ ***Kleidung**: wald- und wettergerechte Kleidung, bequemes Schuhwerk, für jüngere Kinder auch Wechselkleidung*
- ✔ ***Sonnenschutz**: Kopfbedeckung und Sonnencreme*
- ✔ ***Sitzunterlagen**: Sitz- oder Isomatten für draußen*
- ✔ ***Notfallkoffer**: Erste-Hilfe-Ausrüstung, Notrufhandy, Pinzette und Zeckenkarte*
- ✔ ***Kontakte**: Telefonnummern der Eltern und des jeweiligen Hausarztes bzw. der Hausärztin*
- ✔ ***Hygiene-Set**: Toilettenpapier, Schaufel, Wasser zum Händewaschen, kleine Handtücher, Lappen*
- ✔ ***Sonstiges**: Materialien für geplante Aktivitäten*

Achtung: Zecken!

Aus medizinischer Sicht ist das Entfernen von Zecken möglichst zeitnah zum Zeckenbiss sinnvoll. Um eine Zecke bei einem Kind entfernen zu können, müssen Sie sich das Einverständnis der Erziehungsberechtigten schriftlich einholen. Wenn eine Zecke entfernt wurde, informieren Sie die Eltern bei der Abholung und bitten darum, mögliche Folgereaktionen zu beobachten: Entzündung der Bissstelle, kreisrunde Rötung, allgemeines Krankheitsempfinden. Treten solche Reaktionen auf, ist ein Arztbesuch angeraten.

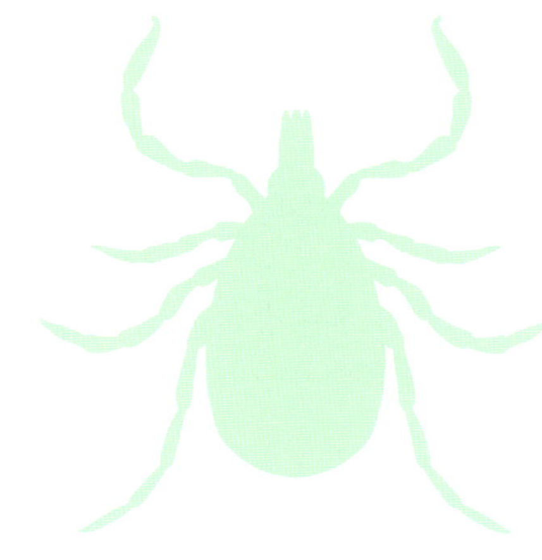

Zecke © evgdemidova – Shutterstock.com

Ideen & Angebote für die Projektarbeit

1 Die Vögel im Frühling

Frühmorgens mit den ersten Sonnenstrahlen hört man draußen schon die Vögel zwitschern. Vor allem begleiten uns die heimischen Singvögel durch Frühling und Sommer, denn später im Herbst ziehen einige Arten in Richtung Süden. Zum Frühlingsbeginn bauen viele Vögel ein Nest, in dem sie ihre Eier ausbrüten. Und bald darauf sind die hungrigen Schnäbel ihrer kleinen Vogelbabys mit Larven, Raupen, Würmern und Insekten zu füttern. Laut hört man dann die Kleinen piepsen!

© stefbennett – Shutterstock.com

Zwei Blaumeisen vor ihrem Nistkasten.

Vögel hautnah erleben

Amsel, Meise oder Spatz – gern lauschen Kinder dem Gesang der Vögel und erkennen, dass jede Vogelart anders klingt und singt. Vielleicht haben Sie die Möglichkeit, im Außenbereich Ihrer Einrichtung ein **Futterhäuschen** oder einen **Nistkasten** aufzuhängen. So können die Kinder die Vögel nicht nur besser beobachten, sondern ihnen auch bei der Futter- und Nistplatzsuche helfen. Welche Vögel kommen zuerst vorbei? Wie sehen sie aus? Wie klingen sie? Und wie heißen sie? Allerdings kann es etwas dauern, bis die Vögel die neue Fressstelle entdecken. Alternativ lassen sich auch mit einem schlichten **Meisenknödel** verschiedene Vogelarten anlocken.

Hecken und Sträucher sind ein wichtiger Lebensraum für Vögel. Im Frühling sind sie mit Blüten übersät und versorgen Insekten, Bienen, Hummeln, Käfer und Schmetterlinge mit Nahrung. Insekten, Larven und Raupen dienen wiederum den Vögeln als wichtige Nahrungsquelle. Ihr hoher Proteingehalt ist besonders in der Brutzeit und für die Aufzucht der Jungvögel wichtig. Auch die Beeren und Nüsse, die im Sommer und im Herbst heranwachsen, sind nahrhaft für Vögel und andere Tiere. Beobachten Sie mit den Kindern das ganze Jahr über nahe gelegene Hecken und Sträucher, denn hier gibt es immer etwas Spannendes zu entdecken!

Angebote rund um Vögel

In einer einführenden **Geschichte** erfahren die Kinder Grundlegendes über den Frühling, das Leben der Vögel und das Schlüpfen kleiner Meisenküken.

Ein **Fingerspiel** erzählt von zwei Vogeleltern und mit einem **Lied** lernen die Kinder verschiedene Vogelarten und deren Klänge kennen.

Im Rahmen lebendiger **Naturerfahrungen** können Sie mit Ihrer Gruppe den Lebensraum von Vögeln erkunden, ein Vogelnest und eine Spechthöhle unter die Lupe nehmen sowie Wissenswertes über die natürliche Alarmanlage der Tiere erfahren.

Bei einem mehrteiligen **Bewegungsangebot** im Freien schlüpfen die Kinder selbst in die Rolle von Vögeln, bauen gemeinsam ein Nest, gehen auf Futtersuche und erlernen im Spiel das Fliegen.

Und schließlich basteln die Jungen und Mädchen in einem **Kreativangebot** lustige Waldkauze aus Naturmaterialien.

TIPP

Die beiliegenden Bildkarten (S. 64) eignen sich gut dafür, bekannte Vogelarten in der Gruppe einzuführen. Indem Sie die Bildkarten 2-fach kopieren und laminieren, entsteht ein einfaches Memospiel, mit dem sich das Wissen der Kinder schnell festigt.

Geschichte: Frühlingsgezwitscher

Früh am Morgen, wenn die Kinder der Regenbogengruppe auf dem Weg zum Kindergarten sind, hören sie schon die Vögel zwitschern. Vom Fenster des Gruppenraumes aus können sie Meisen und Rotkehlchen beobachten, die die letzten Körner aus dem Futterhäuschen im Garten picken. Der Winter ist vorbei und die kleinen gefiederten Freunde finden nun selbst wieder genügend Futter.

Heute geht Ella, die Erzieherin, mit den Kindern in den Park, um nach dem Frühling Ausschau zu halten. Auf der Wiese blühen gelber Löwenzahn und kleine Gänseblümchen. Die Bäume und Sträucher sind noch kahl, aber unter ihnen breiten sich herrliche blaue und weiße Blütenteppiche aus. Die Kinder spüren die warmen Sonnenstrahlen auf der Haut und hören die Bienen summen. Der Frühling ist da!

„Hört ihr die Vögel zwitschern?", fragt Ella. Die Kinder lauschen aufmerksam. Im Frühling ist der Gesang der Vögel besonders schön, denn zu dieser Jahreszeit sind viele Vögel, die den Winter im warmen Süden verbringen, wieder zurückgekehrt. Im Frühling ist auch die Zeit der Vogelhochzeit: Die Vogelmännchen zwitschern und tirilieren besonders laut und schön, um damit die Vogelweibchen anzulocken. Gespannt lauschen die Kinder dem Vogelkonzert. Leise, was klopft denn da? Ist das ein Specht? In den Zweigen sind Rotkehlchen und Meisen zu entdecken. Und über die Wiese hüpfen eifrig ein paar Amseln auf der Suche nach Würmern.

„Wo wohnen die Vögel eigentlich?", fragt Jonas. „Vögel sind überall zu Hause, wo sie genügend Futter finden", antwortet Ella. „Also dort, wo es viele Pflanzen und Insekten gibt. Und im Frühling sammeln die Vögel kleine Zweige, Gräser und Moos, um daraus Nester zu bauen. In das weiche, warme Nest legt die Vogelmutter dann ihre Eier und brütet sie aus. Damit sie nicht gestört wird und das Nest vor Raubtieren geschützt ist, ist der Nistplatz gut versteckt, z. B. in einer Baumhöhle, hoch oben in einer Baumkrone oder in einer dornigen Hecke."

„Mein Papa hat letztes Jahr ein Vogelhäuschen in unserem Garten aufgehängt!", erzählt Anna begeistert. „Wie wäre es, wenn wir den Vögeln auch bei uns im Kindergarten einen sicheren Unterschlupf bieten?", schlägt die Erzieherin Ella vor. Diese Idee finden alle gut! Und so bemalen die Kinder in den nächsten Tagen zwei Nistkästen für Vögel in den schönsten Farben. An einer geschützten Stelle im Kita-Garten befestigt Ella die Vogelhäuschen.

Es dauert nicht lange, da können die Kindergartenkinder beobachten, dass eines der beiden Vogelhäuschen schon bewohnt ist. Zwei Blaumeisen sind eingezogen! Immer wieder sieht man die beiden Vögel mit Grashalmen im Schnabel in das Loch des Nistkastens hineinflattern. „Die Vögel bauen ein Nest in unserem Häuschen!", freut sich Neo. „Bald legt die Vogelmama Eier!", vermutet Anna. „So war es auch bei uns zu Hause. Die Vogelmama sitzt dann ganz lange im Nest auf den Eiern und hält sie warm, bis die Babys schlüpfen."

Und tatsächlich: Wenige Wochen später hören die Kinder zum ersten Mal aufgeregtes Piepsen aus dem Vogelhäuschen. Immer wieder sieht man die Vogeleltern mit einer kleinen Raupe oder einem anderen Insekt im Schnabel zum Nistkasten fliegen. „Jetzt ist es so weit: Die Vogeleltern haben Nachwuchs bekommen", erklärt Ella. „In den Eiern sind Vogelkinder herangewachsen. Sie haben ein Loch in die Eierschale gepickt und sind geschlüpft. Anfangs sind die Babys noch nackt und blind. Sie rufen laut nach Futter. Die Vogeleltern haben zu tun, die hungrigen kleinen Schnäbel zu stopfen. Nach etwa sechs Tagen beginnen die Federn der Küken, zu wachsen, und schon bald können die Kleinen ihre Augen öffnen."

Eines Tages ist die Aufregung in der Regenbogengruppe groß: Die Kinder entdecken junge Blaumeisen, die, fröhlich zwitschernd, auf einem Zweig des großen Apfelbaumes sitzen. Sie sind groß geworden und sehen nun fast genauso aus wie ihre Eltern. Nacheinander flattern sie vom Ast. Sie fliegen jetzt gemeinsam los, um Futter zu suchen.

Lied: Die Vögel singen Lieder

♫ *Melodie: trad. (Der Kuckuck und der Esel)*

Die Vögel singen Lieder
am Tage immer wieder.
Hört ihr sie musizieren,
hört ihr sie tirilieren?
Wie schön das bei uns klingt,
wie schön das bei uns klingt!

Die **Amsel** singt im Frühjahr
so schön von fern und nah.
Hört ihr sie musizieren,
hört ihr sie tirilieren?
Tschi-schilp, tschi-schilp, tschi-schilp.
Tschi-schilp, tschi-schilp, tschi-schilp.

Es singt die kleine **Meise**
auf wunderschöne Weise.
Hört ihr sie musizieren,
hört ihr sie tirilieren?
Zi-zi-zi-be, zi-zi-zi-be.
Zi-zi-be, zi-zi-be.

Im Wald, da ruft der **Kuckuck**
so laut, so klar „kuckuck".
Hört ihr im Wald ihn klingen,
hört ihr sein lautes Singen?
Kuckuck, kuckuck, kuckuck.
Kuckuck, kuckuck, kuckuck.

Der **Specht** klopft an dem Baume,
er hat heut gute Laune.
Hört ihr ihn trommelwirbeln,
hört ihr ihn musizieren?
Tock-tock, tock-tock, tock-tock.
Tock-tock, tock-tock, tock-tock.

Die **Krähe** krächzt ganz laut,
sodass ein jeder schaut.
Hört ihr ihr lautes Singen,
hört ihr das tiefe Klingen?
Krah-krah, krah-krah, krah-krah.
Krah-krah, krah-krah, krah-krah.

Wenn alle schlafen gehen,
kann er im Dunkeln sehen.
Der **Waldkauz** ist nachts munter,
ruft laut im Wald putzmunter:
Schu-hu, schu-hu, schu-hu.
Schu-hu, schu-hu, schu-hu.

TIPP

Kinder lieben den Gesang von Vögeln und ahmen ihn gern nach. Zeigen Sie pro Liedstrophe die passende Bildkarte (S. 64), damit die Kinder sich die Vogelarten bildlich vorstellen können. Zum Einstieg fragen Sie, welche Vögel bereits bekannt sind – bestimmt wissen die Jungen und Mädchen hierzu schon einiges zu berichten!

Fingerspiel: Zwei Vögel fliegen

Verse sprechen	**Finger spielen**
Zwei Vögel fliegen auf und nieder, die Flügel schlagen immer wieder.	*mit den Armen flattern*
Sie fliegen weiter ohne Hast und landen dann auf einem Ast.	*mit den Armen flattern*
Sie haben sich gern, das könnt ihr sehn, und singen zusammen wunderschön.	*beide Zeigefinger als Vögel aneinanderschmiegen; die Hände als Schnabel auf- und zubewegen*
Gemeinsam ziehen sie bald los und bauen sich ein Nest aus Moos.	*aus den Händen ein Nest formen*
Das Weibchen legt ein kleines Ei – oder vielleicht sind es auch drei?	*mit Zeigefinger- und Daumenspitze ein Ei andeuten; drei Finger zeigen*
Im Nest muss sie nun lange brüten und ihre Eier gut behüten.	*mit einer Hand ein Nest bilden und mit der anderen den Vogel im Nest andeuten*
Doch bricht die Schale dann entzwei, schlüpfen die Küken – eins, zwei, drei!	*beide Hände als Ei geschlossen halten und dann öffnen; drei Finger zeigen*
Sie piepsen laut: Piep, piep, piep, piep! Mama und Papa haben sie sehr lieb.	*beide Hände als Schnabel auf- und zubewegen*
Nun fliegen die Eltern eilig los, der Hunger der Kleinen ist riesengroß.	*mit den Armen flattern*
Weit offen sind die Schnäbelein. Mama und Papa füttern sie mit Würmern fein.	*eine Hand als Schnabel geöffnet halten; mit der anderen Hand pantomimisch füttern*
Bald werden die kleinen Vögel groß und fliegen dann gemeinsam los.	*mit den Armen flattern*

Naturforscher*innen: Lebensraum Hecke und Strauch

In Hecken und Sträuchern finden zahlreiche Tiere Unterschlupf. Auch Vögel bauen ihre Nester gern in dichtem Gebüsch, wo sie gut geschützt sind. Vom Herbst bis zum Frühling, wenn die Zweige ohne Blätter sind, kann man mit etwas Glück ein Vogelnest entdecken. Gehen Sie mit Ihrer Gruppe gezielt auf die Suche. Schauen Sie ein Nest direkt vor Ort an oder nehmen Sie ein unbewohntes Nest aus dem Vorjahr mit in die Einrichtung, um es dort in der Gruppe genauer unter die Lupe zu nehmen. Falls das Nest feucht ist, lassen Sie es zuvor in der Sonne trocknen. Achten Sie darauf, alle darin lebenden Kleintierchen im Freien herauskrabbeln zu lassen. Für die Kinder ist es interessant, zu sehen, aus welchen Naturmaterialien ein Vogelnest gebaut ist. Erklären Sie, dass Vögel ihre Nester mit Moos, Gras und Federn auspolstern, damit ihre Jungen es schön warm haben.

Vögel sind geschickte Baumeister.

Es lohnt sich auch, Hecken und Sträucher über die Jahreszeiten hinweg zu beobachten. Im Frühling und im Sommer sind viele Sträucher übersät mit duftenden Blüten (z. B. Weißdorn, Holunder, Heckenrose, Schlehe). Hier finden Hummeln, Bienen und Schmetterlinge reichlich Nahrung. Im Sommer und im Herbst wachsen Beeren und Hagebutten, die für viele Vögel eine wichtige Nahrungsquelle sind. Machen Sie die Kinder bei Heckenrosen oder Schlehen auf deren spitze Dornen aufmerksam. Diese schützen die Pflanzen, damit junge Triebe nicht von Rotwild gefressen werden. Außerdem schützen sie Vögel vor Fressfeinden, wie z. B. Katzen, Mardern und größeren Raubvögeln.

Naturerfahrung: Baumtelefon

Material

- ✔ Baumstämme (liegend)

So geht's

Holz leitet selbst die leisesten Geräusche und Klänge. Deshalb kann ein liegender Baumstamm als Baumtelefon dienen! An jedem Ende des Baumstammes stellt sich ein Kind auf. Während das eine Kind an seinem Stammende kratzt oder klopft, legt das andere ein Ohr an das andere Ende des Baumstammes – sogar leise Signale sind verblüffend deutlich zu hören! Die Kinder „telefonieren" auf diese Weise hin und her. Kann man die Geräusche noch hören, wenn man sein Ohr vom Baumstamm entfernt?

Baumstämme eignen sich zum Balancieren – oder Telefonieren!

Durch einen Baumstamm ziehen sich viele lange, dünne Leitgefäße. Durch sie transportiert ein lebendiger Baum das Wasser von den Wurzeln bis nach oben zu den Ästen, Zweigen und Blättern. Der Baum leitet aber nicht nur Wasser, sondern auch Geräusche. In der Natur wirkt das wie eine Alarmanlage: Vögel, Eichhörnchen und andere Tiere, die auf dem Baum leben, hören so frühzeitig, wenn ein Feind (z. B. Marder) am Baumstamm hinaufklettert – und können sich rechtzeitig in Sicherheit bringen.

Naturforscher*innen: Wer klopft denn da?

Bei einem Spaziergang durch Wald oder Park ist oft ein Specht zu hören. Bleiben Sie immer wieder mit der Gruppe stehen, um aufmerksam in die Natur zu lauschen. Mit etwas Glück entdecken die Jungen und Mädchen vielleicht auch den Eingang einer Spechthöhle, also ein rundes Loch in einem Baumstamm. Oft bauen Spechte mehrere Höhlen untereinander (Spechtflöte).

Der Buntspecht ist schon von Weitem zu hören.

Schnelles Trommelgewirbel ist der Gesang des Spechtes. Buntspechte und andere Arten „singen" auf diese Weise, sie verteidigen dadurch ihr Revier oder wollen ein Weibchen finden. Ist dagegen ein Klopfen und Hämmern zu hören, dann ist der Specht gerade auf Futtersuche oder er zimmert eine Höhle für seinen Nachwuchs.

Spechte klopfen die Baumrinde ab und schlagen kleinere Löcher in das Holz, um an Insektenlarven im Inneren zu gelangen. Mit ihrer langen, klebrigen Zunge können sie die Insekten hervorholen. Am liebsten sind Spechte an geschwächten und toten Bäumen aktiv, da es hier besonders viele Insektenlarven gibt und das Holz weicher ist.

Spechte dienen dem Wald, indem sie Schädlinge und Insektenlarven vertilgen, die ansonsten die Bäume schwächen. Außerdem bieten verlassene Spechthöhlen anderen Vögeln, Wildbienen und manchmal einem Eichhörnchen einen geschützten Nist- oder Schlafplatz. So haben auch morsche und tote Bäume noch eine wichtige Funktion.

Bewegung: Die Vogelfamilie

Nestbau

Material

- ✔ Zweige, Gräser, Moos, Laub
- ✔ evtl. Turnreifen

Vorbereitung

Die Bewegungseinheit findet draußen statt, wo ausreichend Naturmaterialien zu finden sind.

So geht's

Mit einem kurzen Text stimmen Sie die Kinder auf das Thema und die Bewegungseinheit ein:

Es ist Frühling, die Vögel singen ihre schönsten Lieder und jedes Vogelmännchen sucht sich ein Vogelweibchen. Das Weibchen ist ganz entzückt vom schönen Gesang des Männchens und die beiden werden ein Paar. Bald wird das Vogelweibchen Eier legen, aus denen kleine Vogelbabys schlüpfen. Gemeinsam baut das Vogelpärchen nun ein Nest aus Zweigen, Gräsern, Moos und Laub, damit seine Eier geschützt sind und die Vogelbabys es später schön warm und gemütlich haben.

Die Kinder fliegen zwitschernd und pfeifend als Vögel umher und suchen sich jeweils eine*n Partner*in. Jedes Vogelpaar darf sich dann gemeinsam ein Vogelnest bauen. Um die Nester individuell auszustatten, werden Naturmaterialien gesammelt.

TIPP

Unterstützend können Sie für jedes Vogelpaar einen Turnreifen auslegen, den die Vögelchen beliebig mit Materialien des Waldes befüllen. Die Kinder setzen sich anschließend gern in das weiche Nest und ruhen sich ein wenig aus.

Ein gemütliches Nest ist entstanden.

Futtersuche

Material

- ✔ Turnreifen, gefüllt mit Naturmaterialien
- ✔ Wollfäden oder Kordeln (braun/grün)
- ✔ Vogelfiguren
- ✔ 1 Glockenspiel
- ✔ 1 Regenrohr

Vorbereitung

Verteilen Sie in unmittelbarer Nähe der Vogelnester eine Menge Wollfäden oder Kordeln (Würmer und Raupen) auf dem Boden, im Gebüsch oder auf erreichbaren Baumzweigen. Wenn vorhanden, kann in jedes Vogelnest ein kleines Vogelbaby gesetzt werden.

So geht's

Die Vogelweibchen haben Eier in ihre Nester gelegt und lange gebrütet. Nun ist es so weit: In jedem Vogelnest sind kleine Vogelbabys geschlüpft. Sie haben alle großen Hunger und piepsen ganz laut. Die Vogeleltern haben wieder viel zu tun: Sie fliegen los, um leckere Würmer und Raupen für ihre hungrigen Kinder zu suchen. Bei Regenwetter bleiben die Vogeleltern ebenfalls im Nest – erst bei Sonnenschein machen sie sich auf Futtersuche.

Die Vogeleltern verlassen ihre Nester. Sie fliegen los, um Würmer und Raupen zu suchen, die sie ihren Vogelkindern ins Nest bringen. Zur Futtersuche spielen Sie das Glockenspiel an, symbolisch für Sonnenschein. Zwischendurch lassen Sie es immer wieder mithilfe des Regenrohres regnen – für die Kinder das Signal, im Vogelnest zu bleiben, sich auszuruhen und abzuwarten, bis der Regen aufhört und die Sonne wieder herauskommt.

Leckere Würmer für die hungrigen Vögelchen!

Flugschule

Material

- ✔ 2 Chiffontücher für jedes Kind
- ✔ Wäscheklammern
- ✔ 1 Trommel oder 1 Glockenspiel

Vorbereitung

Fixieren Sie jedem Kind mit Wäscheklammern zwei Chiffontücher als Flügel an den Ärmeln.

So geht's

Jetzt sind die Vogelkinder schon so groß geworden, dass sie selbst fliegen lernen wollen. Vorsichtig wagen sie sich aus den Nestern und schlagen mit den Flügeln. Sie müssen noch ein wenig üben, damit sie sicher starten, steuern und landen können. Doch bald schon trauen sie sich und fliegen los. Wie schön es ist, die frische Luft zu spüren und die Wiesen, Felder und Wälder von oben zu sehen!

Die Kinder bewegen ihre Arme als Flügel auf und ab. Frei und unbeschwert dürfen sie umherfliegen und sich an ihren flatternden, bunten Flügeln erfreuen. Dazu spielen Sie die Trommel oder das Glockenspiel an und singen folgendes Lied:

♫ *Melodie: trad. (Brüderchen, komm, tanz mit mir)*

Oh, wie sich die Vöglein freun,
fliegen hier gemeinsam heut.
Durch die Lüfte, oh, wie schön,
sie können viele Bäume/Blumen/Dinge sehn.

Bunte Chiffontücher dienen als Flügel.

Basteln: Waldkauz aus Naturmaterialien

Der häufigste Nachtgreifvogel in unseren heimischen Wäldern ist der Waldkauz. Er kommt im Wald, in Parks und manchmal sogar in Gärten vor. Zum Brüten legt diese Eulenart ihre Eier meist in eine Baumhöhle. Der Waldkauz ist nachts aktiv und schläft am Tag. Lautlos gleitet er mit seinen Flügeln durch die Nacht und fängt am liebsten Mäuse, die es in der Natur reichlich gibt.

Material

- ✔ Baumscheiben (klein)
- ✔ Holzscheiben (extraklein)
- ✔ Lärchenzapfen
- ✔ Federn (Bastelartikel; alternativ: getrocknete Blätter)
- ✔ Chenilledraht
- ✔ Bänder (z. B. Naturbast, Schnur)
- ✔ Handbohrer
- ✔ Buntstifte
- ✔ Scheren
- ✔ Klebstoff
- ✔ evtl. Erlenzapfen, Eichelhütchen und Ahornsamen
- ✔ evtl. Äste (klein) und Heißkleber

So geht's

Mit einem Handbohrer bohren die Kinder zunächst ein Aufhängeloch in die größere Holzscheibe (oben) sowie zwei etwa 1 cm tiefe Löcher für die Füße in den äußeren Rand (unten). Geben Sie dabei die nötige Hilfestellung.

Anschließend bemalen die Kinder jeweils zwei kleinere Holzscheiben als Augen und kleben diese auf die Baumscheibe, den Körper des Waldkauzes. Mit einem Federkleid bemalt und mit Federn (alternativ: getrockneten Blättern) beklebt, wird das Tier erkennbar. Ein kleiner Lärchenzapfen dient als Schnabel.

TIPP

Ein kleinerer Waldkauz kann auch mit Eichelhütchen als Augen, einem Erlenzapfen als Schnabel und Ahornsamen als Flügeln verziert werden.

Ein uriger Waldkauz ...

Für die Füße des Waldkauzes schneiden die Kinder vom Chenilledraht je ein kürzeres und ein längeres Stück ab. Indem sie das kürzere Stück um das Ende des längeren Stückes zwirbeln, entstehen drei Krallen am Fuß. Beide Füße werden unten in die Bohrlöcher geklebt.

Zum Schluss fädeln die Kinder noch ein Band durch das Aufhängeloch, verknoten es – und schon kann der Waldkauz aufgehängt werden!

TIPP

Wenn die Kinder mehrere kleine Waldkauze basteln möchten, können Sie diese mit Heißkleber auf einem kleinen Ast fixieren. Indem Sie an beide Seiten dann noch eine Schnur binden, lässt sich der Ast dekorativ aufhängen.

... und seine Familie!

2 Lebensraum Bäume und Sträucher

Bäume und Sträucher gehören zur Lebenswelt der Kinder. Sie sind nicht nur für uns Menschen sehr wichtig, sondern auch das Zuhause und die Nahrungsquelle für viele Tiere. Im Laufe der Jahreszeiten können die Kinder die Verwandlung der Bäume und Büsche beobachten. Jeder Baum und jeder Strauch ist einzigartig und un-terscheidet sich hinsichtlich Rinde, Blätterkleid und Frucht. Bäume sind faszinierende Lebewesen – in ihrer Gestalt, ihrer Vielfältigkeit und ihrer Standfestigkeit.

Die Vielfalt der Bäume zeigt sich in allen Jahreszeiten.

Den Wald entdecken

Das grüne Wunder *Wald* gewährt den Kindern besondere Eindrücke in das vielfältige **Leben von Pflanzen und Tieren**. Gehen Sie deshalb mit Ihrer Gruppe nach draußen und schauen Sie sich gemeinsam den Lebensraum der Tiere genau an. Wenn kein Wald in unmittelbarer Nähe ist, so gibt es vielleicht einen Park oder eben Ihren Außenbereich. Regen Sie die Kinder dazu an, die vielen unterschiedlichen Bäume und Büsche zu erkunden: An welchen Bäumen und Sträuchern finden Tiere Nahrung? Welche Bäume haben Blätter? Welche haben Nadeln? Wie sehen die Blätter und Nadeln aus? Wie fühlt sich die Rinde an? Wie riecht ein Baum?

Bäume und Sträucher sind in allen **Jahreszeiten** spannend zu beobachten: Wenn Sie sich im Frühling mit den Kindern unter einen Blütenbaum stellen, hören Sie die vielen Bienen summen, die fleißig Nektar und Pollen einholen. Im Herbst können Sie mit den Kindern die Schätze der Bäume und Sträucher sammeln: Haselnüsse, Walnüsse, Kastanien, Bucheckern, Ahornsamen oder Eicheln. Fichten-, Lärchen- und Kiefernzapfen sind das ganze Jahr über zu finden. Diese Früchte können Sie mit Ihrer Gruppe genau untersuchen – und sie eignen sich hervorragend zum Spielen und Basteln. Selbst im Winter haben die kahlen Bäume und Sträucher mit ihren vielen Knospen an den Zweigen oder ihren schneebedeckten Ästen etwas Magisches.

Angebote rund um Bäume und Sträucher

In einer **Geschichte** tauchen die Kinder zum Einstieg in das Thema *Wald* ein und erfahren, wie wichtig Bäume und Pflanzen für uns alle sind.

Ein **Lied**, das die Kinder gern singen, verdeutlicht die Schönheit der Natur im Wald und ein **Fingerspiel** erzählt von den tierischen Besucher*innen eines Baumes.

Welche Rolle spielen Bäume für Mensch und Tier? Und welche Funktion haben Wurzeln, Blätterkrone und Rinde? Um diese Fragen geht es bei einer Baumbegegnung und weiteren **Naturerfahrungen**. Die Kinder nehmen Bäume mit all ihren Sinnen wahr und erleben deren Veränderung im Laufe der Jahreszeiten. Auf Streifzügen durch Wald und Park erkunden sie den Lebensraum der Tiere. Dabei lernen sie die Natur in all ihrer Schönheit lieben und achten.

Bewegungsspiele laden dazu ein, mit dem Herbstlaub der Bäume zu spielen und deren Blätter und Früchte kennenzulernen.

Bei einem **Kreativangebot** malen die Kinder Bäume und gestalten sie mit unterschiedlichen Techniken.

Geschichte: Die Bäume

Im Frühling erwacht die Natur zu neuem Leben. Die Kinder der Regenbogengruppe lieben es, draußen die Schönheit des Frühlings zu sehen und zu spüren: Sanfte Sonnenstrahlen wärmen die Haut und überall grünt und blüht es. Schwalbenschwänze tanzen über saftig grüne Wiesen mit bunten Wildblumen und kleine Marienkäfer krabbeln an Grashalmen hinauf. Im Wald duftet es nach blühendem Bärlauch und Waldmeister. Die Laubbäume und Sträucher bekommen ihr Blätterkleid und das intensive Grün leuchtet so schön in der Sonne. Rosskastanien entfalten ihre Blütenkerzen und sind umschwirrt von Hummeln und Bienen.

Ella, die Erzieherin, will in dieser Zeit mit den Kindergartenkindern die Bäume entdecken. Deshalb ist die Regenbogengruppe jetzt oft im Park und im Wald unterwegs. Dort ist die Vielfalt der Bäume und Sträucher besonders groß. Mächtige Bäume strecken sich wie große Riesen in die Höhe. Fasziniert schauen die Kinder in die gigantischen, grünen Baumwipfel. Wie hoch sie sind! Und wie unterschiedlich ihre Blätter und Nadeln aussehen!

Aber es gibt hier nicht nur große Bäume, sondern auch ganz viele kleine. An manchen Stellen stehen die Bäume so dicht beieinander, dass man kaum hindurchlaufen kann. Ella erklärt: „Hier halten sich am Tag besonders die großen Tiere des Waldes, wie Rehe, Hirsche und Wildschweine, auf. Unter den vielen dichten Zweigen fühlen sie sich geschützt. Schon das leiseste Geräusch lässt die Tiere aufschrecken – und ruckzuck springen sie davon und suchen im Unterholz Unterschlupf. Bäume bieten aber nicht nur Schutz, sie versorgen die Tiere auch mit Nahrung und dienen für viele Arten als Nist- und Schlafplatz." Der Specht oder der Waldkauz, das wissen bereits die Kinder, wohnen in einer Baumhöhle. Aber auch der Siebenschläfer, die Waldmaus, das Eichhörnchen, die Fledermaus und viele Insekten haben im Baum ihr Zuhause.

„Habt ihr gemerkt, dass im Wald die Luft besonders frisch ist?", fragt Ella die Kinder. Ganz tief atmen alle die frische Luft ein und aus. Wie gut das tut! Ella erklärt: „Im Wald ist die Luft deshalb so gut, weil sie hier besonders viel Sauerstoff enthält. Die Bäume erzeugen nämlich mit ihren Blättern oder Nadeln Sauerstoff. Sauerstoff zum Atmen ist für uns Menschen und alle Tiere lebensnotwendig, genauso wie unser Essen und Trinken." Und Leandra ergänzt: „Im Wald fahren keine Autos und es gibt keine Fabriken, die unsere Luft verschmutzen." – „Genau", antwortet Ella, „deshalb ist jeder einzelne Baum besonders wichtig, egal wo – ob im Wald, im Park, bei euch zu Hause, in der Kita, auf dem Spielplatz oder in der Stadt. Denn jede Pflanze reinigt die Luft. Jedes Mal, wenn wir ausatmen, produzieren wir das Gas Kohlendioxid. Zum Einatmen brauchen wir aber Sauerstoff – und der kommt von den Bäumen und anderen Pflanzen. Pflanzen nehmen mit ihren Blättern das Kohlendioxid aus der Luft auf. Mithilfe von Sonnenlicht machen sie aus Wasser und dem Kohlendioxid etwas Neues: Zucker und Sauerstoff. Den Zucker brauchen die Pflanzen zum Wachsen und Leben und einen Teil des Sauerstoffs geben sie an die Luft ab. Je mehr Bäume es gibt, desto mehr Sauerstoff wird also produziert."

Die Kinder sind beeindruckt: „Bäume sind ja ganz schön wichtig ... eigentlich sollte es doch noch viel mehr Bäume geben!" – „Ja, das ist richtig!", sagt Ella. „Deshalb ist es wichtig, dass wir den Wald schützen, achtsam mit allen Pflanzen umgehen und keine Abfälle in der Natur liegen lassen!"

Viele Vormittage verweilen die Kinder im Wald, sie finden abgefallene Äste, Zweige, Zapfen und Baumstümpfe, die sich prima zum Spielen eignen. Ausgelassen erfinden sie hier die schönsten Spiele: Sie balancieren über Baumstämme, bauen sich Höhlen und suchen Naturschätze.

Was macht ihr gern im Wald?

Kommen Sie zum Vorlesen auf einer Decke unter einem Baum mit der Gruppe zusammen. Im Anschluss können die Kinder den Baumstamm mit ihren Armen umschließen und seine Kraft und seinen Halt spüren.

Lied: Draußen ist es wunderschön

♫ *Melodie: trad. (Brüderchen, komm, tanz mit mir)*

Draußen ist es wunderschön,
da kann man viele Bäume sehn.
Oh, wie schön, oh, wie schön
ist es, durch den Wald zu gehn.

Oben in den Tannenspitzen
hören wir die Vögel zwitschern.
Oh, wie schön, oh, wie schön
ist es, durch den Wald zu gehn.

Die Blumen blühen wunderschön
und grüner Farn ist auch zu sehn.
Oh, wie schön, oh, wie schön
ist es, durch den Wald zu gehn.

Ein Eichhorn klettert auf den Baum,
es huscht so schnell, man sieht es kaum.
Oh, wie schön, oh, wie schön
ist es, durch den Wald zu gehn.

Im Wald, da wohnt die kleine Maus,
sie spitzelt aus dem Loch heraus.
Oh, wie schön, oh, wie schön
ist es, durch den Wald zu gehn.

Schnecken kriechen hier und dort,
langsam kommen sie nur fort.
Oh, wie schön, oh, wie schön
ist es, durch den Wald zu gehn.

Fingerspiel: Im Park, da steht ein großer Baum

Verse sprechen	**Finger spielen**
Im Park, da steht ein großer Baum, der hat viele, viele Äste.	*den Unterarm als Baumstamm hochhalten; die Finger als Äste spreizen*
Und jeden Tag hat der große Baum auch viele, viele Gäste.	*Arm und Finger als Baum hochhalten; mit der anderen Hand die Äste antippen*
Die Bienen fliegen zu den Blüten und sammeln Nektar, den ganz süßen.	*mit dem Zeigefinger kreisend zu den Ästen fliegen; an einem Ast verweilen*
Die Käfer krabbeln den Stamm hinauf und setzen sich auf die Blätter drauf.	*mit den Fingern den Baumstamm bis zu den Ästen hochkrabbeln*
Die Vögel lassen sich auf den Zweigen nieder und singen dort ihre schönsten Lieder.	*mit der Hand kreisend zu den Ästen fliegen; Daumen und Zeigefinger als Schnabel auf- und zubewegen*
Die Raupen knabbern an den Blättern und finden diese sehr, sehr lecker.	*mit Daumen und Zeigefinger an den Astspitzen knabbern*
Das Eichhörnchen klettert von Ast zu Ast und macht in seinem Kobel Rast.	*mit der Hand von Ast zu Ast springen; beim letzten Ast verweilen*
Die Maus ist unter den Wurzeln zu Haus und geht dort täglich ein und aus.	*mit einer Hand ein Mauseloch andeuten; mit den Fingern der anderen Hand hinein- und hinauskrabbeln*
Ja, so ein Baum ist wichtig, auch für dich. Er lässt Menschen und Tiere nicht im Stich.	*den Unterarm als Baumstamm hochhalten; die Finger als Äste spreizen*

Naturerfahrung: Baumbegegnung

Bei einer Baumbegegnung lernen die Kinder einen Baum aus nächster Nähe kennen, nehmen ihn genau unter die Lupe und entdecken ihn mit all ihren Sinnen. Sie erfahren: Nicht nur der Baum ist lebendig, sondern auch viele Tiere haben hier ihr Zuhause.

Unser Freund, der Baum.

Unser Baum

Wählen Sie einen geeigneten Baum aus, den Sie mit Ihrer Gruppe das ganze Jahr über beobachten. Vielleicht gibt es einen Baum, zu dem die Kinder einen direkten Bezug haben, der im Garten der Kita oder in unmittelbarer Nähe steht und der somit Tag für Tag erreichbar ist. Die Jungen und Mädchen nehmen die Veränderung im Laufe der Jahreszeiten wahr und sind vom Wunder der Natur fasziniert.

Fühlen: Die Kinder betasten und erspüren die Rinde des Baumes, vielleicht auch eine Harzspur, Pilze oder Moose, die am Baumstamm wachsen.

Riechen: Sie riechen den holzigen und harzigen Duft des Baumes.

Knospen: An den Zweigen können bereits im Winter kleine Knospen gesichtet werden, aus denen im Frühling Blätter und Blüten sprießen.

Blütenstaub und Pollen: Im Frühjahr sind Bienen zu beobachten, die die Blüten (z. B. an Linde, Kastanie, Kirsche) bestäuben – oder „Kätzchen", die an den Zweigen (z. B. von Hasel, Erle, Birke, Weide) hängen und ihre feinen Pollen im Wind verteilen.

Blätter: Die zarten, hellen Blätter, die im Frühling sprießen, färben sich nach und nach dunkelgrün. Die Kinder können die Blätter befühlen, betrachten und vielleicht kleine Tierchen (z. B. Raupen) darauf finden.

Früchte: Vom Sommer bis zum Herbst können die Kinder auf Schatzsuche gehen oder zur Ernte schreiten: Es reifen Früchte heran, die sich zum Bestaunen, Basteln und Spielen eignen. Früchte von Obstbäumen oder Walnüsse können sogar gegessen werden.

Herbstlaub: Im Herbst verändert sich die Farbe der Blätter, sie fallen ab und es lässt sich prima im Laub spielen. Die schönsten Blätter können gesammelt, gepresst und als Bastelmaterial verwendet werden.

TIPP

Lassen Sie die Kinder zu verschiedenen Jahreszeiten Fotos von ihrem Baum machen. So können Sie die Entwicklung gemeinsam dokumentieren und mit den Bildern ein Plakat für den Gruppenraum gestalten.

Mein Baum

Die Kinder bilden Spielpaare. Je ein Kind schließt die Augen und wird von seinem Partnerkind zu einem bestimmten Baum im Wald geführt (nicht weiter entfernt als 20 bis 30 m). Das geführte Kind nimmt nun blind den Baum wahr: Kann man ihn mit den Armen umfassen? Wie fühlt sich seine Rinde an – glatt, rau, uneben, harzig? Sind am Stamm wachsende Pflanzen zu spüren – Moos, Baumflechten, Pilze oder Kletterpflanzen? Wie riecht der Baum? Danach wird das Kind zum Ausgangspunkt zurückgeführt, öffnet die Augen und versucht nun, seinen Baum wiederzufinden. Anschließend tauschen die Kinder ihre Rollen.

Wir brauchen Bäume!

- ✔ *Bäume sind wichtiger Lebensraum und Nahrungsgrundlage für Tiere, Pilze und Menschen.*
- ✔ *Bäume sorgen für gute Luft und produzieren Sauerstoff, den wir zum Atmen brauchen.*
- ✔ *Bäume bieten Menschen und Tieren Schutz vor Sonne und Regen.*
- ✔ *Bäume eignen sich prima zum Klettern und Entdecken. Mit ihren Blättern und Früchten kann man spielen und basteln.*
- ✔ *Bäume liefern Holz, um Möbel zu bauen, Papier herzustellen und Feuer zu machen.*
- ✔ *Bäume sind wichtiger Teil des Wasserkreislaufs, indem sie Wasser speichern und es an heißen Tagen verdunsten.*
- ✔ *Bäume sind wunderschön und machen glücklich.*

Naturerfahrung: Die Wurzeln der Bäume

Das Erste, was bei einem Baum wächst, sind seine Wurzeln. Sie halten den Baum aufrecht. Die Wurzeln versorgen den Baum, seine Zweige, Blätter, Blüten und Früchte mit Wasser und Nährstoffen aus der Erde. Bei alten und großen Bäumen können die Kinder die Starkwurzeln unten am Stamm sehen. Sie verankern den Baum in der Erde, z. B. auch bei Wind und Sturm. Die feinen Wurzeln wachsen dagegen in die Tiefe, wo besonders viel Wasser ist.

Die Starkwurzeln geben Halt und Stabilität.

Wurzelspiel

Damit ein Baum aufrecht steht, braucht er Wurzeln. Diese können so groß werden wie die Baumkrone. Damit sich die Kinder das vorstellen können, legen sich alle um einen Baum herum im Kreis auf den Rücken – auf Augenhöhe mit den Spitzen der äußersten Äste des Baumes. Die Kinder sind nun die äußersten Wurzeln des Baumes. Schaffen sie es, sich die Hände zu reichen? Von unten ist es beeindruckend, in die Blätterkrone hochzuschauen. Vielleicht hört man die Blätter rascheln oder die Vögel singen? Oder es ist ein Vogelnest im Baum zu sehen?

Pilze und Baumwurzeln

Gehen Sie im Spätsommer oder im Herbst mit den Kindern auf Pilzsuche. Das trainiert visuelle Wahrnehmung und Achtsamkeit. Vergleichen Sie gemeinsam die Hüte und Stiele verschiedener Arten: Worin unterscheiden sie sich? Spaß machen auch spielerische Aktionen: Wie viele Pilze entdecken wir in 2 Minuten? Wer findet den größten bzw. kleinsten Pilz?

Wichtig: Erklären Sie, dass es essbare wie auch giftige Pilze gibt. Die Kinder sollen Pilze keinesfalls anfassen oder in den Mund stecken!

Die sichtbaren Pilze sind eigentlich nur die Früchte eines großen Pilzes, der sich durch den Waldboden zieht. Da Pilze ihre Nahrung, den Zucker, nicht selbst herstellen können, brauchen sie Bäume. Als feines Gewebe (Myzel) wachsen sie um die Baumwurzeln herum – so sind Pilz- und Baumwurzeln miteinander verbunden.
Der Baum gibt den Pilzen von seinem Nahrungssaft, dem Zucker, etwas ab. Im Gegenzug speichert der Pilz wie ein Schwamm das Wasser im Boden und erleichtert so dem Baum die Wasser- und Nahrungsaufnahme.

Die feinen wurzelähnlichen Fäden eines Pilzes (Myzel) können Sie den Kindern gut unter verrottetem Laub in der Nähe von Baumwurzeln zeigen oder wenn Sie ein feuchtes, morsches Holz auseinanderbrechen.

Das Myzel ist der eigentliche Pilz.

Naturerfahrung: Die Rinde der Bäume

Die Rinde schützt den Baum – wie eine Haut – vor dem Austrocknen, vor Insekten und vor Krankheiten. Ohne Rinde kann ein Baum nicht leben, denn direkt darunter wird der süße Nahrungssaft bis hoch in die Zweige und zu den Blättern transportiert.

Untersuchen Sie mit Ihrer Gruppe die Rinde unterschiedlicher Bäume: Ist sie rau, rissig, aufgebrochen oder glatt? Welche Farbe und Struktur hat sie? Wie fühlt sie sich an? Gibt es einen Unterschied zwischen älteren und jüngeren Bäumen? Ist Harz zu entdecken? Machen Sie auf das Harz an den Bäumen aufmerksam. Die Kinder können daran riechen und fühlen, wie klebrig es ist. Erklären Sie, dass Bäume mithilfe von Harz eine Wunde schließen und sich vor Insekten, die die Rinde durchbohren, schützen.

Bei jungen Bäumen ist die Rinde glatt und dünn – bei älteren, dickeren Stämmen ist sie rauer oder platzt sogar auf.

Baumsäfte hören

Material

✔ 1 Stethoskop

So geht's

Mit einem Stethoskop können die Kinder an einem sonnigen und warmen Frühlingstag hören, wie der Baumsaft, das aufsteigende Wasser, unter der Rinde fließt. Der Baum schickt das Wasser mit Nährstoffen bis in seine Zweige, um neue Blätter zu bilden. Suchen Sie hierfür einen Baum mit dünner und noch glatter Rinde aus, wie z. B. Kirsche, Birke, Ahorn oder Buche.

Rindenbilder

Material

✔ Papierbögen
✔ Wachsmalkreiden
✔ 1 Stift

So geht's

Die Kinder legen ein Stück Papier auf die Rinde eines Baumes und streichen mit der langen Seite einer Wachsmalkreide darüber, sodass sich die Rinde farbig auf dem Papier abzeichnet. Erfahrungsgemäß machen die Kinder gern Rindenbilder von verschiedenen Bäumen, um sie zu sammeln und zu vergleichen. Notieren Sie die Namen der jeweiligen Bäume dazu.

Naturforscher*innen: Borkenkäfer

Leider gibt es in unseren Wäldern nicht nur gesunde, sondern auch kranke Bäume. Besonders Fichten sind betroffen, da sie stark von Borkenkäfern befallen werden. Kranke Fichten haben deutlich weniger und gelbliche, braune Nadeln sowie stark hängende Zweige. Zeigen Sie den Kindern an kranken Bäumen, wenn möglich, die Fraßspuren von den Käfern und ihren Larven – sichtbar sind kleine, braune Bohrmehlspuren am Stamm. Bei stark befallenen Bäumen lösen sich ganze Rindenstücke vom Stamm ab.

Borkenkäfer bohren sich in die Baumrinde und legen dort ihre Eier ab. Sind die Larven geschlüpft, fressen sie Gänge durch die Bastschicht direkt unter der Rinde. Dadurch kann der Baum nicht mehr genug Wasser und Nährstoffe zu seinen Zweigen und Nadeln transportieren, sie werden somit nicht mehr ausreichend versorgt und vertrocknen oder fallen ab. In einem Wald, in dem es viele verschiedene Baumarten gibt, sind die Bäume gesünder, da sich Schädlinge nicht so schnell verbreiten können.

Fraßgänge von den Larven des Borkenkäfers.

Naturerfahrung: Die Blätter der Bäume

Ihre Blätter und Nadeln sind sehr wichtig für die Bäume. Mit ihnen stellen sie mithilfe von Sonnenlicht Nahrung (Zucker) her, damit sie wachsen und Früchte tragen können. Auch sorgen die Bäume mit ihren Blättern für unsere gute Luft, indem sie Sauerstoff produzieren. Jede Baumart hat andere Blätter – kleinere, größere, gezackte oder wellige. Nadelbäume haben, anders als Laubbäume, Blätter so schmal wie Nadeln – lang, kurz, biegsam, weich oder spitzig. Schauen Sie mit den Kindern unterschiedliche Blätter und Nadeln an, lassen Sie sie fühlen und daran riechen.

Blätterbilder

Material
- ✔ Blätter
- ✔ Papierbögen
- ✔ Bunt- oder Wachsmalstifte

So geht's
Die Kinder legen ein frisches Blatt vom Baum mit der Unterseite nach oben auf den Tisch und decken es mit Papier ab. Indem sie mit Bunt- oder Wachsmalstiften über die Blattstruktur malen, wird diese auf dem Papier sichtbar.

Den Zauber der Blätter genießen

Legen Sie sich an einem warmen, sonnigen Tag mit den Kindern unter das Blätterdach eines Baumes. Betrachten Sie die Blätterkrone von unten und das Lichtspiel der Sonne, das durch die Zweige und Blätter dringt. Die Kinder genießen die Stille, finden zu innerer Ruhe und können sich von der Reizüberflutung des Alltags erholen. Dazu trägt ein kurzer Reim bei:

Still und leise unterm Baum
spür ich die Stille wie im Traum.
Es ist so schön, unterm Baum zu liegen,
die Blätter sich im Winde wiegen.
Schau, wie die Sonne durch die Blätter dringt.
Hör, wie ein Vogel in den Zweigen singt.

Experiment: Blätter verdunsten Wasser

Material
- ✔ 1 Plastikbeutel (durchsichtig)
- ✔ 1 Schnur

Ein einfaches Experiment zur Verdunstung von Wasser.

So geht's
In den Blättern von Bäumen befindet sich Wasser. An warmen Tagen geben die Blätter Wasser an die Luft ab, indem das Wasser verdunstet. So entstehen – bei einer Vielzahl von Bäumen – Wolken. Diesen natürlichen Vorgang können Sie Ihren Kindern anhand eines Experimentes veranschaulichen: Stülpen Sie dazu an einem warmen Sommertag einen durchsichtigen Plastikbeutel über einen Zweig mit Blättern und binden Sie den Beutel an seiner offenen Seite mit einem Stück Schnur zu. Nun können die Kinder den verpackten Zweig über mehrere Tage hinweg beobachten: Nach einiger Zeit sammeln sich in dem Plastikbeutel kleine Wassertropfen an – Wasser, das zurück in die Luft gelangt und als Regen wieder auf die Erde fällt!

Naturforscher*innen: Naturkarten

Material

- ✔ Blätter verschiedener Bäume
- ✔ Tonkarton
- ✔ Bücher (dick)
- ✔ Zeitungspapier
- ✔ Scheren
- ✔ Klebstoff
- ✔ Buntstifte
- ✔ 1 Laminiergerät
- ✔ evtl. 1 Schuhkarton (klein)

Naturkarten zum Spielen und Lernen

Vorbereitung

Schneiden Sie aus Tonkarton Karten im DIN-A5-Format aus. Daraus basteln die Kinder Naturkarten für verschiedene Bäume und Sträucher.

So geht's

Lassen Sie die Kinder Blätter von unterschiedlichen Bäumen und Sträuchern sammeln. Zwischen Zeitungspapier gelegt, werden die Blätter dann unter schweren Büchern gepresst. Sobald sie getrocknet sind, gestalten die Kinder damit informative Naturkarten: einfach die Blätter auf die vorbereiteten Karten kleben, mit dem Namen des Baumes beschriften und laminieren! Zusätzlich können die Kinder die jeweils zugehörigen Samen und Früchte, wie Zapfen oder Eicheln, auf die Karten malen oder Fotos davon aufkleben. Kleine Samen mit Flügeln, wie bei Linde, Ahorn, Hainbuche oder Esche, finden ebenfalls einen Platz auf den Karten.

TIPP

Die fertigen Naturkarten sammeln Sie in einer kleinen Kiste oder einem bemalten oder beklebten Schuhkarton. So können die Kinder das Material immer wieder anschauen und die Bäume und Sträucher benennen.

Naturforscher*innen: Blätter und Früchte zuordnen

Material

- ✔ Blätter, Nadeln und Früchte/Samen von Bäumen und Sträuchern (z. B. Kastanien, Zapfen, Eicheln, Haselnüsse, Hagebutten, Bucheckern)

Vorbereitung

Dieses Spiel lässt sich am besten im Sommer und im Herbst spielen, wenn die Bäume und Sträucher neben Blättern auch Früchte tragen. Sammeln Sie vorab verschiedene Blätter, Nadeln und Früchte von den vor Ort wachsenden Bäumen und Sträuchern.

So geht's

Zeigen Sie den Kindern eine Sammlung unterschiedlicher Blätter, Nadeln und Früchte. Erklären Sie dazu, dass es in der Natur die unterschiedlichsten Bäume und Sträucher gibt – jeder davon ist etwas ganz Besonderes, so wie auch die Kinder! Dann verteilen Sie die Materialien eines ausgewählten Baumes oder Strauches in der Gruppe. Betrachten Sie gemeinsam die Blätter, Nadeln und Früchte ganz genau: Welche Farbe, Form und Oberfläche haben sie? Vielleicht erkennen die Kinder auch schon, von welchem Baum oder Strauch die Naturmaterialien stammen?

Anschließend halten Sie gemeinsam mit der Gruppe nach einem Baum oder Strauch Ausschau, der genau diese Blätter, Nadeln oder Früchte trägt. Die Pflanze wird genau betrachtet: Wie groß ist sie? Wie sehen die Äste mit Blättern, Nadeln oder Früchten aus? Wie fühlt sich die Rinde an? Gibt es hier noch mehr von der gleichen Sorte? In einer nächsten Runde zeigen Sie den Kindern die Blätter, Nadeln oder Früchte eines weiteren Baumes oder Strauches, nach dem sie dann Ausschau halten.

Naturforscher*innen: Naturflieger

Ein interessantes Untersuchungsobjekt sind die geflügelten Samen von Ahorn, Esche, Hainbuche und Linde. Die Kinder können beobachten: Sie sind viel leichter als Eicheln und Bucheckern und haben Flugblätter oder ein Tragblatt (Samen der Linde). Spannend ist auch: Wofür benötigen die Samen die Flugblätter?

Manche Samen verbreiten sich im Flug.

Lassen Sie die Kinder mit den unterschiedlichen Samen experimentieren: Was passiert, wenn man sie von oben fallen lässt, z. B. von einem Klettergerüst oder einer Brücke? Nach kurzer Zeit fangen sie im Flug an, sich wie ein Propeller zu drehen und trudeln so langsam zu Boden.

Durch das Flug- oder Tragblatt kann der Wind die Samen weitertragen. So verbreiten sie sich und wachsen zu neuen Bäumen heran.

Bewegung: Blättergewirbel

Material
- ✔ ca. 4 Tüten Herbstlaub
- ✔ Kinderbesen
- ✔ Kartons oder Eimer
- ✔ 1 Folie (groß, durchsichtig)

So geht's
In einem großen Raum, z. B. dem Bewegungsraum oder der Turnhalle, verteilen Sie die Blätter auf dem Boden. Die Kinder haben viel Spaß daran, dabei zu helfen. Nun gibt es zahlreiche Erfahrungs- und Bewegungsmöglichkeiten:

Laufen und hüpfen: Gern laufen, tanzen, krabbeln oder hüpfen die Kinder gemeinsam durch das Laub und lassen die Blätter wirbeln.

Werfen: Die Kinder können die Blätter hochwerfen und wieder auffangen oder auf den Boden herabregnen lassen.

Rollen: Gemeinsam können sich die Kinder durch das raschelnde Laub rollen.

Fegen: Mit kleinen Kinderbesen lassen sich die Blätter fegen und aufwirbeln.

Füßeln: Mit den Füßen (barfuß oder mit Socken) können die Kinder versuchen, die Blätter in Kartons oder Eimer zu füllen.

Schwingen: Sammeln Sie die Blätter auf einer großen durchsichtigen Folie. Die Kinder verteilen sich um die Folie herum und halten diese am Rand fest. Gemeinsam wird die Folie auf- und abgeschwungen, sodass die Blätter tanzen. Zwei Kinder können sich unter die Folie legen, das Blättertreiben von unten beobachten und den dabei entstehenden Wind genießen.

Bewegung: Igel im Laubhaufen

Material
- ✔ Laubhaufen
- ✔ Kinderrechen
- ✔ evtl. Schneckenhäuser oder Kastanien

So geht's
Draußen im Garten können die Kinder im Herbst Igel im Blätterhaufen spielen. Lassen Sie die Jungen und Mädchen hierfür Laub zu einem großen Haufen zusammenrechen. Die Kinder lieben es, sich im raschelnden Laub zu wälzen, darin zu krabbeln, zu wühlen und Blätter in die Luft zu werfen. Ein bis zwei Kinder können sich als Igel in den Blätterhaufen hineinlegen und sich von Ihnen und den anderen Kindern mit Laub zudecken lassen, sodass nur noch die Köpfe herausschauen. Die Igel ruhen sich ein wenig aus und genießen es, im

weichen Laub zu liegen. Dann krabbeln sie wieder aus dem Laub heraus und machen den Platz für ein oder zwei weitere Igel frei.

Zusätzlich können die Kinder leere Schneckenhäuser oder Kastanien in dem Laubhaufen verstecken. Anschließend wühlen sie als Igel in den Blättern und sammeln die Schätze wieder heraus. Dazu sagen Sie folgenden Reim auf:

Aus dem Blätterhaus
streckt ein Igel
seine Nase heraus
und schaut nach Futter aus.
Tippelt hin, tippelt her,
ob da was zu fressen wär?
Dort findet er ein Schneckelein –
hei, da lacht das Igelein!

Gestalten: Bäume auf Papier

Material

- ✔ Papierbögen (mindestens DIN A3)
- ✔ Finger- oder Plakatfarben
- ✔ Farbschälchen (alternativ: alte Schraubdeckel)
- ✔ Pinsel unterschiedlicher Stärke
- ✔ Korken
- ✔ Schwämme (klein)
- ✔ evtl. Laub (trocken)
- ✔ evtl. Leim
- ✔ Lappen

Vorbereitung

Vor der Basteleinheit sprechen Sie mit den Kindern über Aussehen und Beschaffenheit von Bäumen und Sträuchern: Während ein Baum einen dicken Stamm hat, der weit aus der Erde ragt, besitzt ein Strauch mehrere dünne Stämme, die dicht am Boden nach allen Seiten austreiben. Beide haben ein Wurzelwerk unter der Erde, stärkere Äste wie auch feinere Zweige sowie viele grüne Blätter, die an den Zweigen wachsen. Stellen Sie die Materialien am Basteltisch bereit und füllen Sie unterschiedliche Farben in Farbschälchen oder alte Schraubdeckel.

So geht's

Jedes Kind erhält einen Papierbogen, um darauf einen Baum oder einen Strauch kreativ zu gestalten. Die Jungen und Mädchen entscheiden selbst, ob sie einen Baum mit einem dicken Stamm oder einen Strauch mit mehreren dünnen Stämmen malen wollen. Unten können die Stämme noch mit Wurzeln ergänzt werden, die etwas aus der Erde herausragen. Sobald Stämme und Wurzeln mit brauner Farbe auf das Papier aufgetragen sind, folgen mehrere dickere Äste sowie feine Zweige. Dafür stellen Sie den Kindern unterschiedliche Pinselstärken zur Auswahl. Die Brauntöne können die kleinen Künstler*innen beliebig mischen, denn schließlich hat die Rinde eines Baumes unterschiedliche Strukturen und Farbtöne.

Sobald die Farbe getrocknet ist, bekommen die Bäume und Sträucher ein Blätterkleid. Hierfür können die Kinder der grünen Farbe etwas Blau oder Gelb untermischen, sodass hellere oder dunklere Grüntöne entstehen. Mit Korken oder Fingerspitzen werden nun Blätter an die Zweige der Bäume und Sträucher gedruckt.

Zum Schluss fehlt dem Kunstwerk nur noch der Naturboden, also Erde, Laub, Moos oder Gras. Mit kleinen Schwämmchen drucken und tupfen die Kinder unterschiedliche Strukturen und Farbgebungen auf den unteren Rand ihrer Bilder. Alternativ können sie auch getrocknetes Laub mit Leim aufkleben.

Jeder Baum ist ein einzigartiges Kunstwerk.

3 Die Erde ist voller Leben

In, auf und unter der Erde ist Leben. Der Erdboden ist übersät von Kräutern, Gräsern und Farnen. Die vielen Frühblüher, die noch vor der Belaubung der Bäume blühen (z. B. Buschwindröschen oder Scharbockskraut), dienen als erste Nahrung für Insekten. Weiter ist die Erde von Laub, Nadeln und Moos bedeckt. Hier leben viele Kleinlebewesen, wie Käfer, Schnecken und Würmer, die Kinder gut beobachten können und gern bestaunen. Sie sind für die Verrottung herabgefallener Pflanzenteile zuständig und sorgen für neuen Humus, sodass die Pflanzen und Bäume immer genügend Nahrung haben. Gleichzeitig sind sie selbst Nahrung für Wildschweine, Igel, Mäuse, Vögel und andere Tiere. Auch Pilze und Mikroorganismen befinden sich in der Erde, zwischen Wurzeln und Steinen. Tatsächlich leben in der Erde sogar mehr Organismen als über der Erde.

Auch Baumstümpfe hüten so manches Geheimnis ...

Die Erde unter der Lupe

Der **Waldboden** steckt also voller Leben, das es zu entdecken gilt. Es krabbelt und wimmelt – hier gibt es viel zu erforschen: Wie unterschiedlich bewegen sich die kleinen Tierchen fort? Was fressen sie? Wo wohnen sie? Welche wichtige Funktion haben sie für den Wald?

Ein kleines Tier, das Kinder besonders interessiert, ist die **Waldameise**. Sie wird gern genauer untersucht und beobachtet.

Moose, Pilze und Kräuter beleben den Boden und faszinieren Kinder: Wie weich das Moos ist! Wie schön die Kräuter blühen! Wie gut die Erde riecht und der Waldmeister duftet!

In der Erde entsteht neues Leben: Kleine **Keimlinge**, die aus dem Boden sprießen, entdecken die Kinder mit Begeisterung. Halten Sie mit Ihrer Gruppe gezielt nach „Baumkindern" Ausschau – an manchen Stellen im Wald gibt es im Frühjahr ganz viele davon.

So wird der Lebensraum Erde für die Kinder zum spannenden Erlebnis. Die gemeinsamen Entdeckungen machen die ökologischen Zusammenhänge und den lebenswichtigen Kreislauf der Natur begreifbar.

Angebote rund um den Erdboden

In einer einführenden **Geschichte** hören die Kinder vom Leben auf und unter der Erde und lernen Ameisen als tüchtige, fleißige und starke Tiere kennen. Sie erfahren vom Leben der Ameisen, von ihrem Zuhause und ihrer Funktion als Waldpolizei.

Ein **Fingerspiel** lässt Kinderhände als Ameisen krabbeln und ein **Lied** berichtet von verschiedenen Kleinlebewesen auf und im Erdboden.

Praktische **Naturerfahrungen** laden die Kinder zu spannenden Entdeckungen rund um den Boden ein: Wie werden Blätter wieder zu neuer Erde? Welche Funktion hat das weiche Moos? Was bedeuten die Ringe eines Baumstumpfes? Und warum laufen Ameisen in einer Straße? Es gibt viel Wissenswertes zu lernen – und nicht zuletzt ein Schneckenrennen zu beobachten!

In kleine Ameisen oder Mistkäfer verwandeln sich die Kinder in den **Bewegungsangeboten**. Dabei packen sie tatkräftig an, um ein gemeinsames Ziel zu erreichen.

In einem **Kreativangebot** werden die Kinder künstlerisch aktiv und gestalten hübsche Pilze aus verschiedenen Materialien.

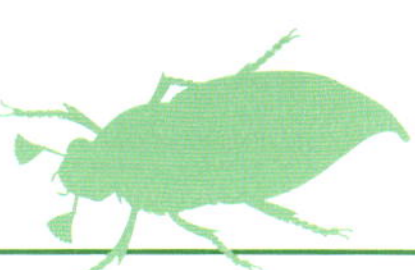

Geschichte: Es krabbelt und wimmelt!

„Mmh, wie das duftet!“ Anna reckt und streckt sich, so weit sie kann. Sie möchte die wunderschöne rosa Blüte an der Hecke erreichen. Doch nicht nur die Kinder der Regenbogengruppe schnuppern gern an den zarten Blüten der Sträucher und Hecken. Auch unzählige Insekten werden von ihrem Duft angelockt: Schmetterlinge, Hummeln und Bienen! Es summt, schwirrt und brummt – die Natur ist voller Leben! Und so können die Kindergartenkinder bei ihrem Ausflug in den Wald auch heute wieder allerlei entdecken.

Was krabbelt denn hier? Ein schwarzer Käfer! Neugierig sehen sich die Kinder um: Der Waldboden wimmelt nur so von kleinen Tierchen! Kleine Käfer krabbeln übers Moos, unter Steinen verstecken sich Asseln und Tausendfüßler, unter einer Baumwurzel kriecht eine Schnecke, hier und da krabbelt eine kleine Spinne. Unter dem Laub entdecken die Kinder Regenwürmer und riechen den guten Duft der frischen, dunklen Walderde.

Diese kleinen Lebewesen sind alle sehr wichtig, denn sie machen aus den Abfällen der Natur Humus – neue, fruchtbare Erde. Ästchen, Rindenstücke, Baumnadeln oder Blätter, die im Herbst von den Bäumen fallen, sind Nahrung für all diese winzigen Tierchen. Von diesen werden sie zersetzt und umgewandelt, sodass sie wieder als Nahrung für die Bäume und Pflanzen dienen.

„Schaut mal, da!“, ruft Neo plötzlich. Aufgeregt zeigt er auf einen riesigen Haufen aus Tausenden von braunen Baumnadeln. Als die Kinder näher kommen, können sie eine Menge kleiner, rötlicher Ameisen erkennen, die emsig auf dem Nadelhaufen herumkrabbeln. Einige von ihnen tragen sogar Stücke von Blättern. „Sind die stark!“, staunt Amir. „Die Blätterstücke sind doch bestimmt ganz schön schwer für so eine winzige Ameise!“ – „Ja, das stimmt“, antwortet Ella, die Erzieherin. „Ameisen sind sehr starke Tiere. Sie können sehr viel mehr tragen, als sie selbst wiegen.“

„Und warum transportieren die Ameisen die Blätter auf den Nadelberg?“, möchte Anna wissen. Ella erklärt: „Die Roten Waldameisen wohnen hier im Ameisenhaufen zusammen mit sehr vielen anderen Ameisen. Der Hügel ist ihr Zuhause. Aber der Hügel ist nur ein kleiner Teil davon, denn der größte Teil befindet sich unter der Erde. Im Inneren des Hügels gibt es mehrere Gänge und Kammern. Hier legt die Ameisenkönigin ihre Eier. Aus diesen Eiern schlüpfen kleine Maden, die von den vielen anderen Ameisen, den Arbeiterinnen, gefüttert werden. Später spinnen sich die Maden ein und aus den Puppen schlüpfen neue Ameisen. Deshalb bringen die Tierchen die Blätter als Nahrung in ihren Bau.“

„Ameisen sind echt interessante und tolle Tiere!“, finden die Kinder. Beeindruckend, wie sie einander helfen und in so einer großen Gemeinschaft leben! „Habt ihr gewusst, dass Ameisen die Waldpolizei sind?“, fragt Ella die Kinder. Alle sind überrascht. Ella erzählt: „Ameisen sind sehr nützlich für den Wald und übernehmen viele wichtige Aufgaben. Als Polizei des Waldes fressen sie schädliche Insekten, die die Bäume schädigen, sie verbreiten Pflanzensamen, die dann an verschiedenen Stellen zu neuen Pflanzen heranwachsen, und sie transportieren gemeinsam tote Kleintiere und Pflanzen in ihren Bau und nutzen diese als Nahrung.“

Ganz schön spannend, wie viel Leben auf und in der Erde ist. Ob es im Kita-Garten auch so viele kleine Tierchen zu entdecken gibt? Das wollen die Kinder gleich herausfinden!

TIPP

Kommen Sie zum Vorlesen mit der Gruppe auf einer Picknickdecke im Grünen zusammen. So können die Kinder nach der Geschichte gleich auf Entdeckungstour gehen.

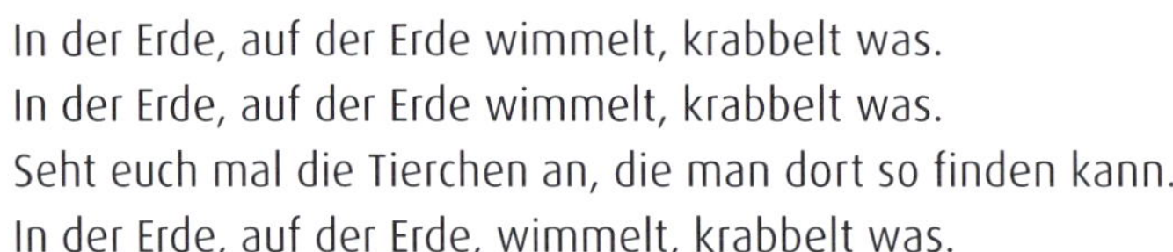

Lied: In der Erde, auf der Erde

♫ *Melodie: trad. (Auf der Mauer, auf der Lauer)*

In der Erde, auf der Erde wimmelt, krabbelt was.
In der Erde, auf der Erde wimmelt, krabbelt was.
Seht euch mal die Tierchen an, die man dort so finden kann.
In der Erde, auf der Erde, wimmelt, krabbelt was.

Käfer, Asseln, Spinnentier kribbeln, krabbeln hier.
Käfer, Asseln, Spinnentier kribbeln, krabbeln hier.
Fressen alles klitzeklein, denn der Wald soll sauber sein.
Käfer, Asseln, Spinnentier kribbeln, krabbeln hier.

Würmer, Pilze leben dort, an dem kühlen, feuchten Ort.
Würmer, Pilze leben dort, an dem kühlen, feuchten Ort.
Machen Humus, das ist fein, die Erde soll für Pflanzen sein.
Würmer, Pilze leben dort, an dem kühlen, feuchten Ort.

TIPP

Das Lied wird lebendig, indem Sie es mit Bewegungen und Pantomime begleiten. Lassen Sie z. B. Ihre Finger wie die Ameisen krabbeln. Die Kinder machen erfahrungsgemäß gern mit!

Fingerspiel: Kribbel, krabbel

Verse sprechen	Finger spielen
Kribbel, krabbel, kribbel, krabbel, viele kleine Ameisen krabbeln.	*mit den Fingerspitzen beider Hände über die Oberschenkel krabbeln*
Ameisen, so winzig klein, wollen immer fleißig sein.	*mit Daumen und Zeigefinger die Winzigkeit andeuten; die Hände umeinanderrollen*
Sammeln Nadeln, Hölzer, Stöckchen, finden jedes kleine Blättchen.	*mit den Fingerspitzen über die Oberschenkel krabbeln; mit Zeigefinger und Daumenspitze ein kleines Blatt andeuten*
Alle packen fest mit an,	*mit den Fingerspitzen einer Hand über den Oberschenkel krabbeln;*
tragen es zum Haufen dann.	*die andere Hand als Gepäck darüberlegen*

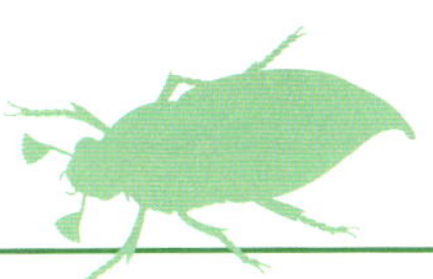

Naturerfahrung: Waldbodenbetrachtung

Material
- ✔ 1 Plane (groß)
- ✔ 1 Schere
- ✔ evtl. Lupen und Naturführer

Vorbereitung
Schneiden Sie aus einer großen Plane mittig einen Kreis von ca. 1 m Durchmesser aus.

So geht's
Legen Sie auf einer freien Fläche im Wald die Plane aus. Alle Kinder versammeln sich um das ausgeschnittene Loch auf der Plane. Auf dem Bauch liegend, können sie nun ganz still den Waldboden mit all seinen Details und Kleinlebewesen betrachten: die obere Schicht Blätter und Nadeln, die von Insekten angefressen wurden, das darunterliegende Laub, das schon stark verrottet ist, die kleinen Lebewesen, wie Schnecken, Käfer, Asseln oder Würmer. Darunter findet sich dunkle, krümelige Erde mit Larven und Regenwürmern. Vielleicht können die Kinder die feinen Haarwurzeln der Pflanzen sehen, mit denen diese ihre Nahrung und das Wasser aus dem Boden holen? Oder einen kleinen Baumkeimling?

Wenn der Waldboden ausgiebig erforscht ist, regen Sie zum Austausch der Eindrücke in der Gruppe an: Wie riechen das Laub und die Erde? Was haben die Kinder entdeckt? Sprechen Sie darüber, dass der Waldboden voller Leben ist. Die vielen kleinen Lebewesen nehmen das Laub, die Stöckchen und andere abgestorbene Pflanzenteile als Nahrung auf. Indem sie diese zersetzen, entsteht Humus – nährstoffangereicherte Erde für die Pflanzen und Bäume.

TIPP
Mit Lupen oder Becherlupen können die kleinen Waldforscher*innen Details und Kleinlebewesen noch genauer betrachten. Auch im Park oder im Kita-Garten können sie den Boden unter die Lupe nehmen – das geht auch ohne Folie! Mithilfe eines Naturführers lassen sich Pflanzen und Kleinlebewesen einfach bestimmen.

Naturforscher*innen: Baumstümpfe

Besonders faszinierend für Kinder sind alte Baumstümpfe mit allen Tieren, die darin leben, und allen Moosen, Farnen und Flechten, die darauf wachsen. Es lohnt sich, einmal genauer hinzuschauen: Welche Pflanzen, Pilze und Tiere gibt es zu entdecken? Sind Tiere zu sehen, die hier Unterschlupf finden? Bei frisch abgesägten Baumstümpfen können Sie mit den Kindern die Schnittfläche genauer betrachten: Die Jahresringe verraten, wie alt der Baum war!

Jedes Jahr wächst der Baum ein wenig und hinterlässt im Holz einen sichtbaren Ring. Die breiten, hellen Ringe stammen aus Frühjahr und Sommer, denn zu dieser Zeit wachsen Bäume mehr. Die schmalen, dunkleren Ringe sind im Herbst und im Winter entstanden. Lassen Sie die Kinder die Ringe zählen: Ein heller und ein dunkler Ring bilden zusammen einen Jahresring – so lässt sich das Alter des Baumes bestimmen.

In der Mitte des Stammes ist das Holz eines Baumes am ältesten. Es können ganz schön viele Jahre zusammenkommen. Bäume gehören nicht nur zu den größten Pflanzen auf der Erde, sie können bei gesundem Wachstum sogar mehrere Hundert Jahre alt werden, also älter als alle anderen Lebewesen, die auf unserer Erde existieren.

Die Jahresringe verraten das Alter eines Baumes.

Naturforscher*innen: Blattadern

Im Frühjahr können die Kinder Blätter erforschen, die schon im Herbst des Vorjahres von den Bäumen gefallen sind. Manchmal ist von einem Blatt nur noch das feine Adergeflecht übrig.

Die vielen feinen Blattadern transportieren Wasser und Nährstoffe durch die Blätter eines Baumes oder Strauches. So werden die Blätter ausreichend versorgt.

Doch was passiert eigentlich mit den vielen Blättern, die im Herbst von den Bäumen fallen? Untersuchen Sie mit Ihrer Gruppe das Laub auf dem Waldboden: Worin unterscheidet es sich von frischen Blättern? Welche Kleinlebewesen sind im und unter dem Laub zu entdecken? Sind an den Blättern Fraßspuren zu finden?

Laub dient als Nahrung für Kleinlebewesen, wie Asseln, Regenwürmer oder Hundertfüßer. Von ihnen wird es zerkleinert und dann von Bakterien und Mikroorganismen noch weiter zersetzt. So entsteht wertvoller neuer Humus, aus dem die Pflanzen Nahrung und Energie zum Wachsen gewinnen. In der Natur wird alles wiederverwertet, um Neues daraus wachsen zu lassen.

Asseln fressen das weiche Blattgewebe zwischen den Blattadern.

Naturerfahrung: Weiches Moos

Auf dem Waldboden, am Fuß von Bäumen, auf Baumstümpfen – saftig grünes Moos finden die Kinder im Wald reichlich. Ein genauer Blick auf die weichen Polster lohnt sich: Wie sieht Moos aus? Welche Tierchen sind darin zu entdecken? Wie unterschiedlich können Moose sein? Wie fühlt sich trockenes oder nasses Moos an?

Moos kommt mit wenig Licht aus. Es beinhaltet keine Bauteile, die es stabil machen, wie z. B. Bäume, Gräser oder Blumen. Deshalb wachsen Moose nur flach und bilden eine Art Teppich oder Polster. Wie riesige Schwämme können sie sehr viel Regenwasser aufsaugen und speichern – so bleibt der Boden feucht und trocknet nicht aus.

Material

- ✔ Moos
- ✔ 1 Glas Wasser
- ✔ evtl. verschiedene Naturmaterialien (z. B. Laub, Gras oder Steine)

Vorbereitung

Moos speichert jede Menge Wasser – das können Sie anhand eines Versuches veranschaulichen: Lassen Sie die Kinder hierfür etwas Moos sammeln und dieses über einige Tage vollständig trocknen.

So geht's

Die Kinder tauchen ein Stück trockenes Moos in ein halb volles Wasserglas. Wenn das Moos sich vollgesaugt hat, nehmen sie es wieder aus dem Glas heraus. Was hat sich verändert? Wie fühlt sich das Moos an? Wie viel Wasser ist noch im Glas? Das Moos hat das Wasser wie ein Schwamm aufgesaugt und speichert es in sich. Zum Vergleich können Sie das Experiment auch mit anderen Naturmaterialien durchführen.

Moos ist Wasserspeicher und Lebensraum für viele Kleinlebewesen.

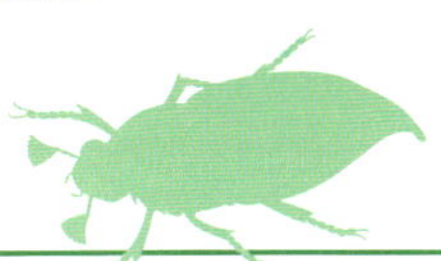

Welche Schnecke macht das Rennen?

Naturforscher*innen: Schneckenrennen

Schnecken gehören zu den Tieren, die die Kinder besonders gut beobachten können. Nackt oder mit Häuschen – in Wald, Park und Garten gibt es viele Schnecken zu finden, besonders nach Regentagen. Gehen Sie mit den Kindern auf die Suche und lassen Sie sie die kriechenden Tiere genau beobachten: Wie sehen ihre Fühler aus? Wo haben sie ihre Augen? Wie kriechen sie vorwärts? Bei genauem Betrachten ist auch der Schleim zu sehen, den die Schnecke erzeugt und auf dem sie dahingleitet.

Starten Sie mit den Kindern ein Schneckenrennen: Setzen Sie ganz vorsichtig mehrere unterschiedliche Häuschenschnecken in eine Reihe und beobachten Sie gemeinsam, wie unterschiedlich sie sich fortbewegen. Welche Schnecke bewegt sich am schnellsten?

Naturforscher*innen: Ameisenstraße

Material

- ✓ Papier (weiß)
- ✓ 4 Steine (klein)
- ✓ 1 bis 2 Stück Würfelzucker
- ✓ etwas Wasser
- ✓ Stöckchen (klein)

So geht's

Ameisen sind fast überall zu finden. Die sechsbeinigen, kleinen Krabbeltiere begegnen uns überall: im Wald, auf Wiesen und Feldern, in Park und Garten und sogar auf der Straße. Für die Kinder ist es interessant, zu beobachten, wie die fleißigen Tiere auf ihren Ameisenstraßen Futter zu ihrem Bau transportieren. Aber warum laufen die Ameisen eigentlich alle in einer Reihe? Und wie entsteht eine Ameisenstraße?

Ameisen markieren ihre Wege mit Ameisensäure. Findet eine Ameise etwas Essbares, so setzt sie auf dem Rückweg zum Ameisennest die Ameisensäure als Duftspur ab. Diese Spur nutzen die anderen Ameisen als Wegweiser. Durch ständiges Hin- und Herlaufen der vielen Ameisen zwischen Nahrung und Nest entsteht so nach und nach eine Ameisenstraße.

Anhand eines Experimentes können Sie den Kindern diesen Vorgang verdeutlichen. Platzieren Sie hierfür in der Nähe von Ameisen ein Blatt Papier auf dem Boden und legen Sie zur Befestigung auf jede Ecke einen Stein. Tropfen Sie etwas Wasser auf ein bis zwei Stücke Würfelzucker und zeichnen Sie damit eine Spur auf das Papier, sodass sich auf der ganzen Spur etwas Zucker befindet. Dann beobachten Sie mit den Kindern, was passiert: Es dauert nicht lange, bis die Arbeiterinnen die süße Spur entdecken und damit beginnen, den Zucker in ihren Bau zu transportieren. Ameisen sind nämlich ganz verrückt nach Süßem!

Überwinden die Ameisen auch Hindernisse? Oder laufen sie um ein Hindernis herum? Lassen Sie die Kinder vorsichtig kleine Stöckchen in die Ameisenstraße legen. Die Ameisen werden die kleinen Hindernisse geschickt überwinden und ihre Arbeit fortführen.

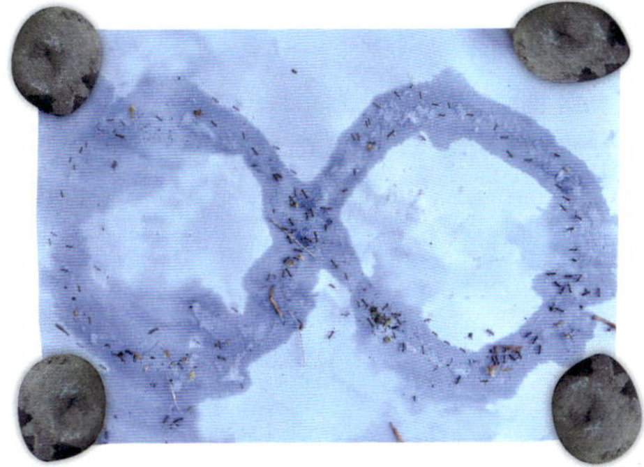

Viele Ameisen folgen der Zuckerspur.

Bewegung: Mistkäfer unterwegs

Material
- ✔ Bälle
- ✔ Kriechtunnel
- ✔ Turnreifen oder Kartons (groß)

Vorbereitung
Bauen Sie auf einer Waldlichtung, einer Wiese oder einem Waldweg einen Kriechtunnel als unterirdischen Mistkäferbau zum Durchkrabbeln auf. Je nach Anzahl der Kinder können Sie auch mehrere Tunnel verwenden. Ringsherum verteilen Sie Bälle und am Tunnelende legen Sie jeweils einen Turnreifen (alternativ: Karton) als Kammer aus.

So geht's
Zeigen Sie den Kindern eine Abbildung von einem Mistkäfer, bevor Sie aus dem Leben der kleinen Tiere erzählen:
Im Wald und auf der Wiese leben viele Käfer: Einer von ihnen ist der Mistkäfer, der schwarzblau schimmert. Mistkäfer leben in der Erde, wo sie sich lange Röhren graben. Aus Tierkot, den die Mistkäfer im Wald oder auf der Wiese finden, formen sie Mistkugeln und rollen diese als Nahrung durch ihre langen Röhren in eine Vorratskammer unter der Erde. Fleißig arbeiten die Mistkäfer zusammen und bringen alle Kugeln in ihren Bau. So sorgen sie dafür, dass der Wald sauber bleibt, und stellen Humus für die Pflanzen her.

Der Mistkäfer schimmert schwarzblau.

Die Kinder spielen kleine Mistkäfer und transportieren Mistkugeln durch die Röhre.

Die Kinder haben großen Spaß daran, als Mistkäfer die Mistkugeln (Bälle) durch die Röhren (Kriechtunnel) in ihre unterirdischen Kammern (Turnreifen oder Kartons) zu bringen. Sie suchen sich einen Ball, krabbeln durch den Kriechtunnel, rollen dabei den Ball vor sich her und legen ihn am Ende in den Reifen oder den Karton. Wer schafft es auch rückwärts?

Bewegung: Fleißige Waldameisen

Material
- ✔ Baumstämme (sicher liegend)
- ✔ evtl. Stöcke und Steine (groß)

Krabbelnde Ameisen

So geht's
Fragen Sie die Kinder einleitend, ob sie Ameisen kennen, wo sie diese bereits beobachten konnten und was sie über die Tiere wissen. Geben Sie dann einige Infos:

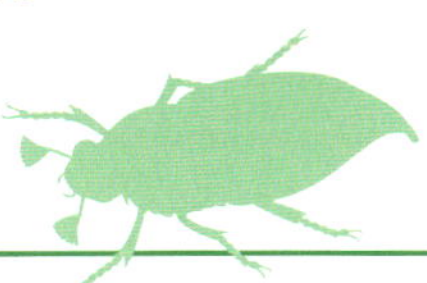

Fleißige Ameisen transportieren Nahrung zum Bau.

Ameisen leben, oft im Wald, gemeinsam in einem großen Ameisenbau. Sie sind sehr fleißig und helfen sich gegenseitig. Aus Ästchen, Holzstückchen, Blättern und Nadeln bauen sie sich ein gemeinsames Zuhause, indem sie die Materialien sammeln und zu einem großen Haufen schichten. Dabei krabbeln die kleinen Ameisen flink und geschickt über die Erde, über Blätter, Baumstämme, Zweige und Steine. Sie sind zwar winzig, doch mit ihren geschickten Beinen gelangen sie überallhin.

Lassen Sie die Kinder anschließend als Ameisen in einer Straße über liegende Baumstämme balancieren und über unebenen und hügeligen Boden laufen. Sie können auch zusätzliche Aufgaben einbauen, z. B. über Stöcke steigen oder von Stein zu Stein balancieren.

Wichtig: Achtung, nicht alle Baumstämme sind zum Balancieren geeignet! Sie sollten weder feucht noch mit Moos bewachsen sein, da sonst Rutschgefahr besteht. Auch ist es wichtig, dass die Stämme stabil liegen, nicht rollen oder kippen können.

Ameisenstraße

Material

- ✔ 1 Baumstamm (sicher liegend)
- ✔ 1 Turnreifen
- ✔ Holzbretter
- ✔ Seile
- ✔ Sandsäckchen (alternativ: Naturmaterialien)

Vorbereitung

Legen Sie an einem liegenden Baumstamm Seile oder Bretter als Ameisenstraße aus. Am Ende der Straße platzieren Sie einen Turnreifen als Ameisenbau. Verteilen Sie in unmittelbarer Nähe mehrere Sandsäckchen als Nahrung. Alternativ können auch herumliegende Naturmaterialien, wie Blätter, Rindenstücke, Zapfen oder kleine Stöckchen, als Nahrung für das Ameisenspiel dienen.

So geht's

Erzählen Sie den Kindern, wie Ameisen ihre Nahrung sammeln:

Wo sich eine Ameise befindet, sind die anderen meist nicht weit. Gemeinsam sammeln sie Nahrung und bringen gefundene Leckereien in den Ameisenbau. Mithilfe einer Duftspur bilden sie eine Ameisenstraße.

Die Kinder sammeln nun als Ameisen Nahrung (Sandsäckchen oder Naturmaterialien), laufen auf der Ameisenstraße (Baumstamm, Bretter, Seile) zum Ameisenbau (Turnreifen) und deponieren dort ihre Beute. Wer mag, kann die Sandsäckchen oder Naturmaterialien auf verschiedenen Körperteilen balancieren, z. B. auf Schulter, Arm, Kopf, Rücken oder Nacken. Es ist auch möglich, zwei oder drei Säckchen gleichzeitig zu balancieren.

Fuß an Fuß balancieren die Kinder als Ameisen über einen Baumstamm.

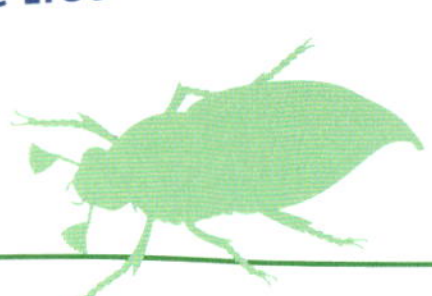

Basteln: Pilze aus Naturmaterialien

Material

- Holunderruten
- Karton (dick und dünn)
- Samen (trocken) vom Wiesensauerampfer im Herbst (alternativ: Sägespäne)
- Moos (trocken)
- evtl. Erlen- oder Lärchenzäpfchen
- Sägen (klein)
- Scheren
- Nägel
- Klebstoff und Leim

TIPP

Die kleinen, braunen Samen vom Wiesensauerampfer finden Sie im Herbst auf naturbelassenen Wiesen oder an Feldrändern. Die Samen lassen sich ganz leicht lösen. Getrocknet können sie über mehrere Jahre zum Basteln verwendet werden.

Für die Variante (zusätzlich)

- Eierkartons
- Holzscheiben (klein)
- Acrylfarben
- Pinsel

So geht's

Mit einer kleinen Säge sägt sich jedes Kind von den Holunderruten ca. 10 bis 12 cm lange Stücke als Pilzstiele ab. Halten Sie die Rute dabei immer gut fest. Aus dem dicken Karton schneiden die Kinder einen Kreis oder ein Oval für den Boden der Pilze aus. Durch die Mitte des Kartonbodens stechen sie nun einen oder zwei Nägel und stecken darauf jeweils ein Holunderrutenstück als Pilzstiel. Durch ihren weichen Kern lassen sich die Rutenstücke in der Mitte ganz leicht durchbohren.

Für den Pilzhut schneiden die Kinder aus dem dünnen Karton einen Kreis, etwa in der Größe einer Tasse, aus. Der Kreis wird an einer Stelle bis zur Mitte eingeschnitten, sodass sich leicht ein Pilzhut daraus formen lässt. An der Einschnittstelle zusammengeklebt und festgedrückt, können die Hütchen mit einem Nagel auf den Pilzstiel gesteckt werden. Bis der Kleber getrocknet ist, hilft auch eine Wäscheklammer, um den Pilzhut zu fixieren.

Danach bestreichen die Kinder ihre Pilzhütchen mit Leim und streuen anschließend braune Samen darüber (alternativ: Sägespäne). Nach dem Trocknen werden die Böden mit Naturmaterialien ausgestaltet, z. B. mit getrocknetem Moos und kleinen Zapfen.

Variante

Die Kinder können auch aus einem Eierkarton Pilzhütchen schneiden, diese bemalen, auf einen Pilzstiel aus Holunderrute kleben und den Pilz anschließend auf einer kleinen Holzscheibe fixieren.

Wichtig: Auf Eierkartons werden Keime wie Salmonellen abgetötet, wenn man die Kartons vor der Verwendung für 10 Minuten bei 80° bis 100° C in einen vorgeheizten Backofen stellt.

Samen vom Wiesensauerampfer

Die Kinder sind stolz auf ihre schönen Naturpilze.

Fliegenpilz aus Eierkartons

4 Das Wildschwein und die Waldmaus

Der Wald ist Rückzugsort und Lebensraum für viele Tierarten. Mit seiner großen Pflanzenvielfalt bietet er Schutz und Nahrung. Hier leben Wildschweine, Rehe, Hirsche, Füchse, Igel, Dachse und viele kleine Nager, wie Waldmäuse, Siebenschläfer, Haselmäuse oder Eichhörnchen. Auch unterschiedliche Vögel, Eulen, Fledermäuse und Insekten finden im Wald ideale Lebensbedingungen. Viele Tiere bleiben uns verborgen, da sie sehr scheu oder nachtaktiv sind. Dazu zählen auch die großen Wildschweine und die kleinen Waldmäuse. Doch ihre Spuren verraten, was sie gern fressen, wo sie wohnen und wie sie leben.

... kleine Waldtiere!

Auf Spurensuche im Wald

Kinder interessieren sich sehr für Tiere und erfahren gern etwas über das Leben von Wildschweinen und Waldmäusen. So können sie bei einem Streifzug durch **Wald oder Park** ein Mauseloch im Boden oder unter einer Baumwurzel entdecken, in dem vielleicht eine kleine Maus oder sogar eine ganze Mäusefamilie wohnt. Aufgewühlte Erde deutet dagegen darauf hin: Hier waren Wildschweine unterwegs, die mit ihren Rüsselnasen nach Leckerbissen am Boden und in der Erde gesucht haben.

Ein*e Förster*in ist fast jeden Tag im Wald. Ein Besuch kann sich lohnen, denn er oder sie kennt sämtliche Tierspuren und kann den Kindern viel über das Leben der Tiere berichten. Der*die Förster*in weiß auch, wo sich Wildschweine am Tag aufhalten und wo sie gern im Schlamm suhlen. Lassen Sie sich in fachkundiger Begleitung an solche Orte heranführen.

Große und ...

Angebote rund um Wildschwein und Waldmaus

Zwei **Geschichten** zu Beginn lassen die Kinder in die Welt der Wildschweine und Waldmäuse eintauchen. Sie erfahren Interessantes von diesen beiden sehr unterschiedlichen Tierarten und darüber, wo diese sich tagsüber im Verborgenen aufhalten.

Ein **Lied** eröffnet Einblicke in das Leben der Wildschweine, während ein **Fingerspiel** von einer kleinen Mäusefamilie erzählt.

In einem **Bewegungsspiel** bauen die Kinder sich selbst ein Mäusehaus aus Stöcken und Ästen, gehen gemeinsam auf Futtersuche und nehmen sich vor dem Waldkauz in Acht.

Als **Naturforscher*innen** machen sie sich auf die Suche nach Merkmalen und Spuren der scheuen Tiere. Sie lernen Merkmale an Bäumen, wie den Malbäumen von Wildschwein und Rotwild, zu deuten oder beliebte Badestellen zu erkennen. Kleine Löcher in Bäumen, unter Baumwurzeln oder im Boden werden bewusst wahrgenommen und hinterfragt.

Mit Naturmaterialien, die in Wald und Park reichlich zu finden sind, basteln die Kinder in einem **Kreativangebot** eine Wildschweinfamilie sowie eine Waldmaus.

Geschichte: Die Wildschweinsuhle

Heute haben die Kinder der Regenbogengruppe Besuch: Der Förster kommt in den Kindergarten und begleitet die Gruppe in den Wald. Dort führt er die Kinder zu einer Wildschweinsuhle – das ist ein schlammiger, mit etwas Wasser gefüllter Tümpel. Der Förster erklärt, dass dieser Tümpel die Badewanne von Wildschweinen ist. Besonders bei trockenem und heißem Wetter, legen sich die Wildschweine gern hinein und wälzen sich im feuchten Schlamm, um sich abzukühlen. „Igitt", sagt Jonas, „in dem Schlammwasser werden die Schweine ja ganz schmutzig!" – „Nein, im Gegenteil!", entgegnet der Förster. „Der Schlamm dient den Wildschweinen zur Körperpflege. Sie reinigen sich dadurch von Ungeziefer, wie Fliegen oder Zecken. Außerdem schützt die Schlammschicht sie vor Stechmücken."

„Warum sind die Bäume hier unten am Stamm so hell?", möchte Leandra wissen. „Das sind die Malbäume der Wildschweine", antwortet der Förster. „Nach dem Suhlen im Schlamm reiben sich die Wildschweine an den Bäumen, um das Ungeziefer loszuwerden. Der Schlamm bleibt dabei am Stamm hängen." Zu gern würden die Kinder den Wildschweinen dabei zusehen, wie sie sich im Schlamm suhlen! Doch leider sind Wildschweine, wie auch andere größere Waldtiere, tagsüber selten zu sehen. Sie meiden uns Menschen und verstecken sich im dichten Unterholz, zwischen Sträuchern und kleinen, eng stehenden Bäumen. Dort ruhen sie sich aus und brechen erst in der Dämmerung zur Nahrungssuche oder zum Bad in der Suhle auf.

Wildschweine leben gern in Gruppen zusammen. Im Frühjahr bekommen sie Nachwuchs. Die kleinen Wildschweine nennt man Frischlinge. Ihr Fell hat eine hellgelb-bräunliche Tarnfärbung mit Längsstreifen. Der Förster zeigt den Kindern ein Bild, auf dem Frischlinge mit ihrer Mutter zu sehen sind. „Oh, sind die süß!", ruft Anna. „Die würde ich gern einmal streicheln!" – „Das wäre keine gute Idee", antwortet der Förster. „Denn das mag ihre Mama, die Bache, überhaupt nicht. Wildschweine sind eigentlich friedliche Tiere und gehen uns Menschen aus dem Weg. Doch wenn man ihren Kleinen nahe kommt, tun sie alles, um ihre Liebsten zu verteidigen."

„Was fressen denn die Wildschweine?", möchte Neo wissen. „Alles, was sie hier im Wald Schmackhaftes finden können", erklärt der Förster. „Mit ihrer Rüsselnase durchwühlen sie den Waldboden nach Eicheln, Bucheckern, Kastanien, Wurzeln, Pilzen, kleinen Bodentieren, wie Schnecken, Engerlingen oder anderen Insektenlarven, und Mäusen. Aber es dürfen auch Kräuter, Früchte und Gräser sein. Besonders im Herbst fressen sich Wildschweine eine dicke Fettschicht für den Winter an."

„Chrum-chrum-chrum, lecker!", grunzt Neo vor sich hin. Auch die anderen Kinder stimmen mit lautem Gegrunze ein, sodass die ganze Gruppe in lautes Gelächter ausbricht. Wildschweine sind echt tolle Tiere, finden die Kinder!

Junge Wildschweine

TIPP
Halten Sie Abbildungen von Wildschweinen und Frischlingen bereit, die Sie den Kindern, begleitend zu der Geschichte, zeigen können.

Geschichte: Hallo, kleine Waldmaus!

Auch heute sind die Kinder der Regenbogengruppe wieder im Wald. Jetzt zur Sommerzeit spendet der Wald Schatten und die frische Waldluft tut gut. Die Kinder sind auf Spurensuche: Was können sie heute entdecken? Huch, was raschelt denn da? Anna quietscht und Jonas deutet aufgeregt auf den Boden: eine kleine Waldmaus! Blitzschnell ist sie mit ihren kurzen Beinchen durch das Laub gehuscht und unter den Wurzeln eines Baumes verschwunden. Die Kinder sind ganz aufgeregt, gern hätten sie die Maus noch etwas genauer beobachtet, doch sie hat sich schnell versteckt und ist nicht mehr zu sehen. An den Baumwurzeln können die Kinder einen kleinen Eingang entdecken – genau dort ist die Maus verschwunden. Das muss das Mauseloch sein!

„Wie süß, eine Maus!", ruft Leandra. „Habt ihr ihre großen, runden Ohren und ihre großen, schwarzen Augen gesehen?" – „Und ihr Schwanz war so lang!", ruft Neo. „Das Fell der Maus ist bestimmt ganz weich. Schade, dass sie so schnell verschwunden ist", sagt Anna enttäuscht. „Ja, das war eine Waldmaus!", bestätigt Ella, die Erzieherin. „Da habt ihr aber Glück gehabt, denn Waldmäuse sind nachtaktiv und nur selten am Tag zu sehen. Sie leben verborgen in Erd- oder Baumhöhlen und huschen flink und gut getarnt durchs Unterholz. Mäuse gibt es hier überall, denn Wald und Wiese sind ein Schlaraffenland für die kleinen Nager. Hier finden sie alles, was sie brauchen. Besonders jetzt im Sommer freuen sich die Mäuse über leckere Walderdbeeren oder Himbeeren. Diese süße Nascherei lieben sie nämlich über alles!"

„Fressen Mäuse nur Beeren?", möchte Anna wissen. „Nein", weiß Neo, „Mäuse fressen so ziemlich alles: Regenwürmer, Schnecken, Insekten, Wurzeln, Obst und im Herbst auch Eicheln, Nüsse, Zapfen und Bucheckern!"

„Mäuse können auch schnell selbst zum Futter werden", erzählt Ella weiter, „denn viele der größeren Waldtiere, wie der Fuchs, der Marder, das Wildschwein oder auch die Eule, lieben Mäuse und sind oft auf Mäusejagd. Deshalb muss eine Maus immer auf der Hut sein. Aber Mäuse können sehr flink laufen, springen, klettern und sogar schwimmen!" – „Wie gut, dass Mäuse so klein sind", findet Anna, „so passen sie in jedes Loch und können sich hier im Wald überall verstecken." – „Ja, da hast du Recht!", antwortet Ella. „Unter Baumwurzeln und in ihrem Mauseloch sind Mäuse sicher. Ihr Bau befindet sich unter der Erde und hat meistens zwei Ausgänge. In dem Bau gibt es eine Vorratskammer, in der Eicheln und Nüsse für den Winter gesammelt werden. Zudem gibt es eine Nistkammer für den Nachwuchs, die Mäusebabys. Damit die Mäusekinder es schön warm haben, bauen die Mäuse ein Nest und polstern es mit Laub und Moos aus. Hier in der Natur findet eine Maus alles, was sie braucht."

Mäuse sind wirklich niedliche Tiere, darin sind sich alle Kinder einig. Und sie bringen auch Vorteile für die Natur: Durch ihre unterirdischen Gänge lockern Mäuse nämlich den Waldboden auf. Außerdem verbreiten sie Samen, indem sie Nüsse, Eicheln und Bucheckern vergraben oder Früchte fressen und deren Samen anderswo mit ihrem Kot wieder ausscheiden. So können wieder neue Pflanzen wachsen – und das ist gut!

Die kleine Waldmaus frisst eine Waldbeere.

Lied: Wildschweine sind zu Hause im Wald

♫ *Melodie: trad. (Hänsel und Gretel)*

Wildschweine sind zu Hause im Wald.
Sie machen gern am kühlen Bächlein halt.
Sie suhlen in der Grube, im Schlamm, im kühlen Dreck –
davon geht manches Ungeziefer weg.

Wildschweine ruhen sich oft am Tage aus
und kommen erst am Abend wieder raus.
Sie wohnen gern gemeinsam, sind niemals ganz allein.
Frischlinge heißen ihre Kinderlein.

Wildschweine fühlen sich in dem Wald sauwohl,
hier gibt es immer genug Futter zu hol'n.
Sie wühlen durch den Boden und wenden jedes Blatt,
Eicheln und Beeren machen sie gut satt.

Lied: Viele kleine Waldmäuse

♫ *Melodie: trad. (Zehn kleine Zappelmänner)*

Viele kleine Waldmäuse krabbeln
hin und her.
Vielen kleinen Waldmäusen fällt das gar nicht
schwer.

Viele kleine Waldmäuse sind hier im
Wald zu Haus.
Viele kleine Waldmäuse krabbeln ein
und aus.

Viele kleine Waldmäuse knabbern
Nüsse fein.
Viele kleine Waldmäuse sind hier
nicht allein.

Viele kleine Waldmäuse haben sich
versteckt.
Viele kleine Waldmäuse sind auf einmal weg!

Fingerspiel: Es krabbeln viele kleine Mäuschen

Verse sprechen	Finger spielen
Es krabbeln viele kleine Mäuschen, sie wohnen alle im selben Häuschen.	*mit den Fingerspitzen über die Oberschenkel krabbeln; mit den Händen ein Dach formen*
Sie flitzen geschwind – husch, husch – durch raschelndes Laub und unter nen Busch.	*eine Hand, schnell krabbelnd, hin- und herbewegen und damit unter die andere Hand krabbeln*
Sie suchen hier nach Futter fein, es dürfen gerne Beeren sein.	*mit der Hand auf einer Stelle krabbeln und unter der anderen Hand verweilen*
Sind die Bäuche endlich satt, krabbeln die Mäuse über Moos und Blatt.	*mit einer Hand über den Bauch reiben; mit den Fingerspitzen über die Oberschenkel krabbeln*
Dann gehen sie heim in ihr Mäusehaus und spitzeln aus dem Erdloch heraus.	*mit den Fingerspitzen über die Oberschenkel krabbeln; mit einer Hand unter die andere Hand krabbeln*
Mama, Papa, Bruder und Schwester, voll sind die kleinen Mäusenester!	*nacheinander die Finger einer Hand ausstrecken; mit allen fünf Fingern wackeln*

Bewegung: Waldmäuse in Aktion

Ein Unterschlupf für Familie Maus

Beim Bau eines „Mäusehauses" im Wald kommen die Kinder in Bewegung und es entsteht ein tolles Gemeinschaftserlebnis: Alle werden miteinander aktiv, verfolgen ein gemeinsames Ziel und spielen mit großer Begeisterung Mäuse in den selbst gebauten Unterschlüpfen.

Material

- ✔ Äste und Zweige (lang)
- ✔ Rindenstücke (groß)
- ✔ Gräser (lang)
- ✔ Zwirn oder Schnur (reißfest)
- ✔ 1 Schere

© Iglwch – Shutterstock.com

Ein Unterschlupf in Form eines Tipis ist leicht zu bauen.

So geht's

Machen Sie mit der Gruppe einen Ausflug in den Wald. Erzählen Sie den Kindern zunächst von der Mäusefamilie, die in einem Bau unter der Erde lebt:

Opa Maus, Oma Maus, Mama Maus, Papa Maus und die Mäusekinder leben im Wald. Hier finden sie alles, was sie brauchen. Es gibt genügend zu fressen: Beeren, Nüsse, Wurzeln und allerlei Samen. Unter der Erde ist das Zuhause der Mäusefamilie. Alle Mäuse packen mit an, um dort eine tolle Mäusehöhle zu bauen. Darin haben alle Mäusekinder Platz, es ist schön warm, gemütlich und sicher.

Begleiten Sie die Kinder nun dabei, ein eigenes Mäusehaus zu bauen. Je nach Gruppengröße und Betreuungsschlüssel können es auch mehrere sein. An einer geeigneten Stelle, wo mehrere Bäume dicht beieinander stehen, spannen Sie zwischen deren Stämmen reißfeste Schnüre, sodass diese einen Kreis, ein Dreieck oder ein Rechteck bilden. Suchen Sie dann mit der Gruppe nach langen, heruntergefallenen Ästen, die Sie an den gespannten Schnüren entlang als Gerüst aufstellen bzw. zwischen die Schnüre schieben. Mit weiteren Schnüren können Sie die Äste aneinander befestigen. Vergessen Sie nicht, einen Spalt als Eingang freizulassen. Lücken zwischen den Ästen können mit Zweigen, großen Rindenstücken oder auch langen Gräsern gefüllt werden. Als Dach eignen sich ggf. leichte, lange Zweige. Achten Sie darauf, dass diese sicher liegen, und binden Sie sie eventuell fest.

Alternativ ist es auch möglich, mehrere stabile Äste um einen dickeren Baumstamm herum aufzustellen und diese oben zusammenzubinden. Mit Zweigen, Ästen, Grasbüscheln oder Moos bestückt, entsteht auch so ein schöner Unterschlupf für kleine Mäuse.

© Elena Yakusheva – Shutterstock.com

Im Mäusehaus fühlen sich die Kinder wohl.

TIPP

Ein selbst konstruiertes Mäusehaus für die Kinder ist das Highlight in Wald oder Garten. Auch im Freispiel dient es erfahrungsgemäß als beliebter Spielort. Eine Höhle aus Ästen und Zweigen kann je nach Ideenreichtum der Kinder zu einem Fuchsbau, einer Räuberhöhle oder einer Puppenstube werden!

Die Mäuse auf Futtersuche

Material

- ✔ Mäusehaus aus Zweigen (alternativ: Kriechtunnel)
- ✔ Naturmaterialien (z. B. Zapfen, Nüsse, Kastanien; alternativ: Sandsäckchen)

So geht's

Nachdem die fleißigen Mäuse an ihrem Unterschlupf gearbeitet haben, bekommen sie Hunger. Berichten Sie, wie Mäuse Vorräte sammeln:
Waldmäuse haben ständig Hunger und finden das ganze Jahr über reichlich zu fressen. Nur im Winter, wenn die Bäume kahl sind und keine Beeren an den Sträuchern wachsen, ist die Nahrung im Wald knapp. Doch Mäuse sind schlau und sammeln schon im Herbst, wenn es besonders viele Samen und Leckerbissen gibt, Vorräte in ihrem Mäusebau. Davon können sie dann im Winter zehren.

Anschließend spielen die Kinder Mäuse, sammeln gemeinsam Wintervorräte und bringen diese in ihr Mäusehaus. Wurde kein Unterschlupf gebaut, kann auch ein Kriechtunnel eingesetzt werden. Je nachdem, wo und zu welcher Jahreszeit Sie das Spiel spielen, sind genügend Naturmaterialien zu finden – andernfalls legen Sie im Vorfeld kleine Sandsäckchen als Futter aus. Loben Sie Ihre kleinen Mäuse, wenn sie reichlich Futter gesammelt haben:
Super, da wart ihr als Mäuse aber fleißig! Ihr habt so viel Futter gesammelt, dass im Winter keine Maus hungern muss.

Die Kinder haben fleißig Vorräte gesammelt.

Kleine Maus, nimm dich in Acht!

Material

- ✔ Stöcke (groß)
- ✔ Turnreifen
- ✔ Seile (kurz)

Vorbereitung

Markieren Sie mit Stöcken ein großes Spielfeld auf einer Wiese oder einer Waldlichtung. Darauf verteilen Sie mehrere Turnreifen.

So geht's

Erklären Sie den Kindern, dass es in der Natur viele Gefahren für kleine Mäuse gibt:
Die Mäuse müssen im Wald und auf der Wiese ständig auf der Hut sein, denn es gibt so manches Tier, das gern Mäuse frisst: z. B. der Fuchs, der sich still und leise heranschleicht, oder der Waldkauz, der lautlos durch die Lüfte kreist. Wie gut, dass Mäuse so flink und klein sind – so können sie sich schnell in jedem kleinen Loch, unter den Baumwurzeln oder in ihrem Mäusehaus in Sicherheit bringen.

Ein Kind spielt den Waldkauz, während die anderen Waldmäuse sind. Diese bekommen ein kurzes Seil als Schwanz hinten in die Hose gesteckt. Der Waldkauz ist auf der Jagd nach einer Maus. Alle Mäuse springen auf der Wiese umher, immer auf der Hut, um nicht gefangen zu werden. Durch flinkes Abwenden und Drehen vor dem Waldkauz müssen sie verhindern, dass der Raubvogel ihre Schwänze klaut. Die Mäusekinder dürfen sich schnell vor dem Waldkauz in einem Mauseloch (Turnreifen) in Sicherheit bringen und ein wenig ausruhen, sobald Sie ihnen zurufen:

Mäuse, husch, husch, eins, zwei, drei,
schnell ins Mauseloch hinein!

Es können auch mehrere Mäuse gleichzeitig in einem Mauseloch Zuflucht finden. Kurz darauf verlassen sie ihre Löcher wieder und der Waldkauz versucht sein Glück erneut. Sobald er einen Schwanz erhascht hat, ist es aus mit der Maus und das gefangene Kind übernimmt die Rolle des Waldkauzes.

Naturforscher*innen: Tieren auf der Spur

Im Wald nach Spuren von Tieren zu suchen, ist für Kinder ein besonderes Abenteuer. Im Winter kann das ganz einfach sein, denn dann hinterlassen die Tiere ihre Fußspuren sichtbar im weißen Schnee. Doch auch in den anderen Jahreszeiten sind Tierspuren zu finden: Neben den Fährten, die Tiere hinterlassen, können die Kinder Fraßspuren sowie Behausungen entdecken.

Die Spuren der Wildschweine

Was man bei Spaziergängen oder an Naturtagen im Wald nur selten zu Gesicht bekommt, sind große scheue Tiere, wie Wildschweine oder Rotwild. Doch es gibt so manche Spur, die darauf hindeutet, dass sie hier unterwegs waren. Vielleicht entdecken Sie mit Ihrer Gruppe einen kleinen Tümpel – hier baden die großen Tiere des Waldes gern. Den Schlamm streifen sie dann an den umliegenden Bäumen, den sogenannten Malbäumen ab, um sich von Ungeziefer zu befreien.

Hat hier etwa ein Wildschwein gebadet?

Malbaum

Auch hinterlassen Wildschweine im matschigen Boden Trittsiegel mit ihren Füßen. Ein umgebrochener Boden zeigt, dass hier Wildschweine auf Nahrungssuche waren und die Erde nach allem durchwühlt haben, was die Natur zum Fressen bietet.

Kleine Mauselöcher

Die kleinen, flinken Waldmäuse sind tagsüber kaum zu sehen, denn sie schlafen am Tag und werden erst nachts munter. Doch Mauselöcher gibt es in Wald und Park reichlich – sie verraten, wo sich die Waldmäuse untertags verstecken, wo sie schlafen, ihre Jungen aufziehen und ihr Futter aufbewahren. Manchmal finden die Kinder auch das Mahl von Waldmäusen, z. B. angeknabberte Zapfen oder löcherige Haselnüsse.

Wer wohnt wohl in diesem Loch?

Basteln: Mäuse aus Nussschalen

Material

- ✔ Walnussschalen (halbiert)
- ✔ Filz (braun)
- ✔ Schnur
- ✔ Papier (rosa und weiß)
- ✔ Locher
- ✔ Acrylfarbe (braun)
- ✔ Pinsel
- ✔ Stifte (schwarz)
- ✔ Scheren
- ✔ Klebstoff

Aus Nussschalen entstehen kleine Waldtiere!

So geht's

Die Kinder bemalen eine Walnussschale mit brauner Farbe. Auf Filz malen sie zwei rundliche Ohren, die sie dann ausschneiden und auf die getrocknete Walnussschale kleben. Von der Schnur wird ein langes Stück als Mäuseschwanz abgeschnitten und hinten in die Nussschale geklebt – ein kurzes Stück wird in feine Fäden vereinzelt und mit einem rosa Locherpunkt als Schnäuzchen vorn auf die Nussschale geklebt. Zuletzt versehen die Kinder noch zwei weiße Locherpunkte mit einer schwarzen Pupille, kleben sie auf die Nussschale und schon ist die Maus fertig!

Basteln: Wildschweinfamilie aus Naturmaterialien

Material

- ✔ Baumscheiben
- ✔ Kastanien (groß und klein)
- ✔ Kastanienbohrer
- ✔ Zahnstocher
- ✔ Filz (braun)
- ✔ Chenilledraht (braun)
- ✔ Wackelaugen (klein)
- ✔ Zapfen (Fichte oder Kiefer)
- ✔ Moos
- ✔ Acrylfarbe (grün und hellbraun)
- ✔ Pinsel
- ✔ Stifte (schwarz)
- ✔ Scheren
- ✔ Klebstoff
- ✔ evtl. Heißkleber

Im Wald fühlen sich die Wildschweine wohl.

So geht's

In die Unterseite einer großen Kastanie bohren die Kinder mit einem Kastanienbohrer jeweils vier Löcher für die Beine ihres Wildschweines und hinten ein Loch für den Schwanz. Zwei Zahnstocher schneiden sie in der Mitte durch, um sie dann mit der Spitze voraus als Beine in die gebohrten Löcher zu stecken. So kann das Wildschwein stehen.

Nun malen die Kinder auf den Filz je einen kleinen Kreis als Nase und zwei spitze Ohren, schneiden diese aus und kleben sie auf ihre Kastanien. Die Nase wird noch mit zwei schwarzen Punkten, den Nasenlöchern, versehen.
Ein kurzes, abgeschnittenes Stück des Chenilledrahtes wird hinten als Schwänzchen in die Kastanie gesteckt. Der Kopf wird mit zwei kleinen Wackelaugen verziert und schon ist ein süßes Wildschwein fertig!
Aus kleineren Kastanien können so noch weitere Wildschweine, die Frischlinge, entstehen. Mit Längsstreifen in hellem Braun bemalt, sind sie gut zu erkennen.

Zum Schluss kann jedes Kind ganz individuell eine Baumscheibe als Landschaft für seine Wildschweine gestalten. Wie wäre es mit Moos als Untergrund? Oder grün bemalten Fichten- und Kiefernzapfen als Bäumen?

TIPP

Die Zapfen und das Moos halten besonders gut mit Heißkleber auf der Baumscheibe. Hier ist Ihre Unterstützung gefragt, denn Heißkleber ist nichts für Kinderhände! Die Wildschweine werden locker auf das Moos gestellt – so können die Kinder sie wieder abnehmen, um damit zu spielen.

5 Das Eichhörnchen

Eichhörnchen sind in Wald und Park zu Hause – und manchmal sogar in Gärten anzutreffen. Überall dort, wo es genügend Sträucher und Bäume gibt, fühlen sie sich wohl. Mit seinem buschigem Schwanz und seinen spitzen Ohren ist das Eichhörnchen ein sehr interessantes Tier für die Kinder. Geschickt klettert es auf Bäume und springt von Ast zu Ast – so flink, dass es manchmal kaum zu sehen ist. Kinder sind fasziniert von seinen Kletterkünsten und beobachten es gern in seiner natürlichen Umgebung.

Das Eichhörnchen fasziniert Kinder sehr.

Die kleinen Nager im Blick

Eichhörnchen fressen besonders gern Nüsse und die Samen aus Zapfen. Im nahe gelegenen Wald oder im Park können Sie mit den Kindern **Fraßspuren** der kleinen Nager finden. Oft liegen leere Nussschalen und abgenagte Zapfen in der Nähe eines Eichhörnchenkobels.

Die Tiere sammeln im Herbst jede Menge Baumsamen und vergraben sie als Wintervorrat. Nicht alle **Verstecke** finden sie wieder, sodass im Frühling die vergessenen Samen austreiben. Gehen Sie mit Ihrer Gruppe auf die Suche: Eine Waldstelle mit vielen Baumsämlingen könnte ein vergessenes Versteck eines Eichhörnchens unter sich verbergen.

Angebote rund um das Eichhörnchen

In einer **Geschichte** begleiten die Kinder die Kletterkünste eines Eichhörnchens und erfahren dabei Wissenswertes über die kleinen Nager und ihren Nachwuchs, wo sie wohnen, was sie fressen und wie sie den Winter überleben.

Ein **Fingerspiel** erzählt von einem Eichhörnchen und animiert die Kinder, mitzusprechen und sich mitzubewegen.

Als **Naturforscher*innen** gehen die Kinder auf Spurensuche und identifizieren die liebsten Leckerbissen der Tiere anhand sichtbarer Fraßspuren. Bei einem Experiment geht es um die Eigenschaften von Zapfen, einer der Lieblingsspeisen von Eichhörnchen. Und da Eichhörnchen zu den Gärtnern des Waldes gehören, dürfen auch die Kinder einen Baum pflanzen und sein Keimen und Wachsen beobachten.

In passenden **Bewegungsangeboten** werden die Jungen und Mädchen spielerisch selbst zu Klettermeister*innen. Sie schlüpfen in die Rolle von Eichhörnchen und verstecken und suchen Futter für den Winter.

Bei einem **Kreativangebot** entstehen selbst gebastelte Eichhörnchen aus unterschiedlichen Materialien und Naturmaterialien.

Geschichte: Besuch in der Kita

Die Kinder der Regenbogengruppe spielen gern im großen Garten der Kita. Dort gibt es Bäume und Sträucher, man kann sich verstecken, klettern und immer etwas entdecken! Heute ist ein besonderer Glückstag: Als die Kinder gerade im Garten spielen, ruft Anna plötzlich: „Huch, was ist denn das?" Da ist doch etwas ganz schnell und flink den Baumstamm der alten Eiche hochgehuscht! Ein kleines Tier mit rotbraunem Fell, spitzen Ohren und einem großen, buschigen Schwanz. Neo hat es auch gesehen: Blitzschnell ist es den alten Eichenbaum hochgeklettert und dann in der Baumkrone verschwunden. „Wow, ein richtiger Klettermeister!", staunt Neo. „Was das wohl für ein Tier ist?" – „Das ist ein Eichhörnchen!", weiß Anna. „Die sehe ich oft, wenn ich mit Opa im Wald spazieren gehe."

Jetzt entdecken auch die anderen Kinder das Eichhörnchen. Gespannt beobachten sie, wie es Kunststücke in den Zweigen vollführt und flink an Baumstämmen auf- und abklettert. Die Kinder sind ganz begeistert und haben viele Fragen: Wo schläft das Eichhörnchen? Was frisst es? Und bekommt es auch Babys? Ella, die Erzieherin, hat einen Vorschlag: „Lasst uns doch morgen wieder einen Ausflug in den Wald machen! Vielleicht entdecken wir dort noch mehr von den kleinen Nagern und ihr könnt ihren Lebensraum kennenlernen." – „Au ja!", rufen die Kinder.

Am nächsten Tag ist es so weit: Die Regenbogengruppe macht sich auf den Weg in den Wald. Erwartungsvoll halten die Kinder nach einem Eichhörnchen Ausschau. Unter einem Haselnussstrauch entdecken sie zwar kein Eichhörnchen, aber einige leere Nussschalen. „Das war wohl eine leckere Mahlzeit für ein Eichhörnchen", vermutet Ella, die Erzieherin. „Eichhörnchen haben ein kräftiges Gebiss, mit dem sie sogar Nüsse knacken können. Nüsse gehören zu ihren Lieblingsspeisen." Ein paar Schritte weiter sehen die Kinder unter einer Fichte einige angefressene Zapfen. „Waren das mal Zapfen?", fragt Jonas. „Die sehen ja ganz kahl aus!" – „Ja, das sind angefressene Fichtenzapfen", antwortet Ella. „Daran haben Eichhörnchen geknabbert. Unter den Schuppen liegen nämlich nahrhafte Samen, die bei den Eichhörnchen vor allem als Winternahrung begehrt sind."

Die Regenbogengruppe marschiert weiter. Die Kinder bemühen sich, leise zu sein. Schließlich wollen sie die scheuen Waldtiere nicht erschrecken. Mit etwas Glück können sie so vielleicht sogar noch einen Waldbewohner entdecken. Und tatsächlich: Plötzlich huscht ein Eichhörnchen aus dem Gebüsch und flitzt blitzschnell eine große Fichte empor. In der Baumkrone angekommen, springt es zwischen den Zweigen hin und her. Wie lustig das aussieht! Das Eichhörnchen entdeckt die vielen Zapfen im Baum und erhascht sich einen Leckerbissen. Mit seinen Schneidezähnen hält es den Zapfen fest und sucht sich einen geeigneten Platz zum Fressen auf einem Ast. Jetzt können die Kinder genau beobachten, wie das Eichhörnchen den Zapfen mit seinen scharfen Krallen hält und daran knabbert. Obwohl die Kinder ganz still sind, dauert es nicht lange, bis das Eichhörnchen wieder in der Blätterkrone verschwindet.

„Was fressen Eichhörnchen eigentlich noch?", fragt Neo interessiert. Anna weiß es: „Walnüsse, Bucheckern, Eicheln, Beeren, Pilze und Triebe von frischen Zweigen", sagt sie. „Das weiß ich von Opa – der kennt sich mit Tieren aus." Die Kinder sind fasziniert und wollen wissen, wo die kleinen Nager schlafen. Die Erzieherin Ella erzählt: „Das Eichhörnchen baut sich ein Nest in einer Astgabel hoch oben im Baum. Das Nest nennt man auch Kobel. Der Kobel wird mit Moos, Federn und Haaren ausgepolstert, damit es das Eichhörnchen schön warm hat und vor Kälte und Nässe geschützt ist. Das Eichhörnchen ist schlau: Es baut sich nicht nur ein einziges Nest, sondern gleich mehrere, damit es sich schnell verstecken kann, wenn sich ein Feind, z. B. der Marder, in der Nähe herumtreibt. Und im Winter hält es Winterruhe im warmen Kobel."

„Bekommen Eichhörnchen auch Babys?", fragt Amir. „Ja, Mama Eichhorn bekommt im Frühjahr oder im Sommer drei bis vier Junge. Die Babys sind noch ganz klein und nackt und können weder hören noch sehen. Mama Eichhorn umsorgt ihre Kleinen im Nest und lässt sie ihre Milch trinken, sodass sie jeden Tag

wachsen. Nach ungefähr sechs Wochen sehen die Hörnchenkinder schon fast aus wie ihre Mutter: Sie haben dichtes Fell bekommen, können hören und sehen. Mama Eichhorn zeigt ihnen alles, was Eichhörnchen zum Leben brauchen: Wie klettert man, ohne vom Baum zu fallen? Und wo findet man leckeres Futter? Sie passt immer auf, dass ihren Kindern nichts passiert. Die kleinen Eichhörnchen wagen ihre ersten Kletterversuche und springen mit ihren Geschwistern vergnügt in den Zweigen umher. Nach dem Spielen schnappt sich die Mutter ein Kind nach dem anderen und bringt alle wieder ins sichere Nest zurück."

„Warum fallen die Eichhörnchen eigentlich nie vom Baum, wenn sie mit dem Kopf voraus am Stamm hinunterklettern?", wundert sich Jonas. „Eichhörnchen haben einen langen Schwanz, den sie als Steuerruder nutzen", erklärt Ella. „So können sie das Gleichgewicht halten, wenn sie von einem Ast zum anderen springen oder am Baumstamm auf- und abklettern. Ihr buschiger Schwanz hat aber noch einen Vorteil: Wenn es dem Eichhörnchen kalt ist, wickelt es sich einfach darin ein." Die Kinder staunen: „Wie praktisch, wenn man immer eine warme Decke dabeihat – und bei Regen einen Schirm!"

Fingerspiel: In dem hohen Tannenbaum

Verse sprechen	Finger spielen
In dem hohen Tannenbaum sitzt ein Tier, man sieht es kaum!	*den Unterarm als Baum hochhalten, Finger als Äste spreizen;* *die andere Hand hinter den gespreizten Fingern verstecken*
Es hat rotbraunes, weiches Fell, klettern kann es ziemlich schnell.	*über den Arm streicheln;* *eine Hand von unten nach oben auf den Baum klettern lassen*
Mit seinem langen Wuschelschwanz vollführt es manchen Klettertanz.	*eine Hand von unten nach oben tanzen lassen*
Mit spitzen Ohren hört es gut, vor Raubtieren ist es auf der Hut.	*beide Zeigefinger jeweils seitlich am Kopf nach oben strecken;* *mit beiden Fingern wackeln*
Es springt vergnügt von Ast zu Ast und hin und wieder macht es Rast.	*Finger einer Hand spreizen und die andere Hand darüberhüpfen lassen; an einem Finger verweilen*
Es sammelt Nüsse – eins, zwei, drei – und knackt die Schale schnell entzwei.	*drei Finger nacheinander hochstrecken;* *beide Hände als Schale geschlossen halten und dann öffnen*
Mmh, sie schmecken lecker, fein, es darf auch gern ein Zapfen sein!	*mit einer Hand über den Bauch reiben*
Dann hüpft das kleine Tier schnell fort, es bleibt nicht lang an einem Ort.	*eine Hand umherhüpfen lassen*
Abends huscht es in sein Nest, hoch im Baum, und schläft dort fest.	*eine Hand zu einer Schale formen;* *die andere Hand hineinlegen*
Sag mir, was ist das für ein Tier? Du hast es dir schon fast gedacht? Das **Eichhörnchen** sagt gute Nacht!	*die Hände fragend ausbreiten;* *mit dem Kopf nicken;* *winken*

Naturforscher*innen: Fraßspuren

Eichhörnchen, Specht oder Waldmaus? Die Fraßspuren an Zapfen oder Nüssen lassen auf das Tier schließen, das hier am Werk war. Untersuchen Sie mit den Kindern abgefallene Fichtenzapfen und Haselnüsse genau. Welches Waldtier hat daran geknabbert?

Eichhörnchen fressen nur den unteren Teil der Schuppen und anschließend stehen noch Fasern vom Zapfen ab. Beim Specht bleiben die meisten Schuppen am Zapfen haften, sehen aber sehr zerhackt aus. Um an die Samen der Zapfen heranzukommen, hat sich der Specht etwas Schlaues ausgedacht: eine Spechtschmiede. Dabei nutzt er eine vorhandene Astgabel oder eine Kerbe in der Rinde, um darin einen Zapfen einzuklemmen. Mit seinem robusten Schnabel kann er den Zapfen so viel leichter bearbeiten. Diese Schmiede benutzt der Specht immer wieder, weshalb es vorkommt, dass unter einer Spechtschmiede eine Menge angefressener Zapfen liegt. Eine Maus nagt, um an die Samen heranzukommen, die Schuppen säuberlich ab.

Hat eine Haselnuss ein großes Loch, waren Mäuse aktiv. Eichhörnchen dagegen nagen die Nuss oben an und spalten die Schale dann in zwei Hälften, um den leckeren Kern zu fressen.

Fraßspuren verraten, wer hier am Werk war.

Naturforscher*innen: Zapfen-Experiment

In Wald und Park können die Kinder unter Nadelbäumen oft Zapfen finden. Doch warum sind sie teils geschlossen und teils offen?

Material

- ✔ 1 Schüssel mit Wasser
- ✔ Zapfen (Kiefer, Fichte, Lärche)

Unter den Schuppen des Zapfens verstecken sich die Samen.

So geht's

Die Kinder legen gesammelte Zapfen mit geöffneten Schuppen in die Wasserschüssel und beobachten, was passiert: Die Zapfen schwimmen auf dem Wasser und schließen innerhalb von etwa 2 Stunden ihre Schuppen. Werden die Zapfen zum Trocknen in die Sonne gelegt, öffnen sie sich wieder – das dauert allerdings etwas länger. Welche Ideen haben die Kinder, um das beobachtete Phänomen zu erklären?

Unter den Schuppen des Zapfens befinden sich die Samen eines Baumes. Bei Feuchtigkeit (z.B. Regen, Schnee oder Nebel) schließen sich die Schuppen des Zapfens, damit die Samen geschützt sind. Wenn es warm und trocken ist, öffnen sich die Schuppen. Die Samen, die mit einem Flügel ausgestattet sind, fallen aus den Schuppen heraus und werden vom Wind verbreitet, sodass wieder neue Nadelbäume wachsen.

Naturerfahrung: Einen Baum pflanzen

Im Wald übernehmen Tiere die Funktion der Gärtner: Wenn Eichhörnchen, Mäuse oder Eichelhäher im Herbst ihre Wintervorräte im Erdboden verstecken, bleiben immer ein paar Eicheln, Bucheckern oder andere Samen übrig, die im Frühjahr wieder aus der Erde treiben. Daraus wachsen dann neue Bäume und Pflanzen. Deshalb sind diese Tiere besonders wichtig für Wald und Natur. Die Vögel verbreiten Samen, indem sie Früchte und Beeren fressen und andernorts mit ihrem Kot die Samen wieder ausscheiden. Und auch Wildschweine leisten ihren Beitrag: Auf der Suche nach Futter zerwühlen sie den Boden, wodurch die Erde aufgelockert wird und Pflanzensamen besser keimen können.

Material

- ✔ Blumentöpfe
- ✔ Erde
- ✔ Baumsamen
  (z. B. Eicheln, Kastanien, Bucheckern, Nüsse)
- ✔ Schaufeln (klein)
- ✔ Gießkannen (klein)

So geht's

Gehen Sie im Herbst mit den Kindern auf Schatzsuche und sammeln Sie frische Baumsamen in Wald oder Park, z. B. Eicheln, Bucheckern, Kastanien oder Nüsse. Achten Sie darauf, dass die Samen gesund aussehen, also nicht angefressen oder vertrocknet sind.

Zurück im Kindergarten füllen die Kinder draußen Blumentöpfe mit Erde, stecken in jeden Topf einen Baumsamen und bedecken diesen noch einmal mit etwas Erde. Anschließend gießen sie ihre Töpfchen, was auch zur regelmäßigen Aufgabe wird. Erst im Frühjahr beginnen die Baumsamen, zu keimen, da sie zuerst eine Kälteperiode mit frostigen Temperaturen durchleben müssen. Wenn es wieder warm wird, wachsen und grünen sie. Diesen Prozess mitzuerleben, braucht Geduld, ist für Kinder aber spannend und lehrreich.

Wichtig: Zum Wachsen benötigen die Samen viel Licht und Sonnenwärme, Wasser und Nährstoffe aus der Erde. Die gekeimten Pflanzen dürfen niemals austrocknen – aber auch Staunässe vertragen sie nicht.

Aus einer keimenden Eichel ...

... wächst ein Eichenbaum.

TIPP

Um die Zeit zu überbrücken, bis die Samen keimen, können Sie einen „Grünen Dienst" einrichten: Jede Woche wird ein Kinderpaar ausgewählt, das dafür verantwortlich ist, die Töpfchen zu gießen. Die Aufregung ist groß, wenn der erste Keim aus der Erde spitzelt.

Zum Säen und Pflegen können Sie mit den Kindern immer wieder folgenden Spruch sprechen und pantomimisch begleiten:

Wir säen einen Samen klein,
wir stecken ihn in die Erde hinein.

Oh Regen, oh Regen, oh, regne herab.
Oh Sonne, oh Sonne, oh, scheine herab.

Dann keimt ein Baum so klein, so schön,
und alle Kinder können ihn sehn.

Bewegung: Kletternde Eichhörnchen

Material

- ✔ 2 Kletterseile (lang)
- ✔ 1 Seil (kurz)
- ✔ 1 Turnreifen
- ✔ 1 Eimer
- ✔ Baumscheiben (groß)
- ✔ Zapfen

Vorbereitung

Spannen Sie zwei Kletterseile zwischen mehreren Bäumen. Das untere Seil sollte ca. 50 cm über dem Boden gespannt sein – in einem Abstand von etwa 1 m zum oberen Seil, je nach Größe der Kinder. Damit das Seil dem Gewicht der Kinder standhält, binden Sie es gut am Stamm fest. Am Ende der Kletterstrecke befestigen Sie auf Höhe des oberen Seiles mit einem weiteren kurzen Seil einen Eimer am Baumstamm und füllen diesen mit Zapfen. Am Boden legen Sie einen Pfad aus mehreren Baumscheiben zurück zum Ausgangspunkt. Planen Sie die Abstände so, dass die Kinder den Pfad problemlos überwinden können. Am Ausgangspunkt dient ein Turnreifen als Sammelstelle.

So geht's

Bevor das Spiel beginnt, stimmen Sie die Gruppe auf die Futtersuche des Eichhörnchens ein:

Eichhörnchen sind geschickte Klettermeister. Heute wollen wir selbst Eichhörnchen spielen, klettern und springen! Im Herbst finden die Eichhörnchen viel zu fressen, weil die Bäume reife Früchte tragen: Auf Tannen wachsen leckere Zapfen, auf Laubbäumen gibt es Eicheln und Bucheckern und die Sträucher hängen voll mit Haselnüssen und Beeren. Eifrig sammeln die Eichhörnchen viele Leckerbissen und Vorräte.

Dann klettern die Eichhörnchen los: Nacheinander stellen sich die Kinder im Abstand von etwa 1 m auf das untere Seil, während sie sich am oberen festhalten. Vorsichtig bewegen sie sich seitwärts über das Kletterseil. Es sollten nicht mehr als vier Kinder gleichzeitig klettern! Am Ende des Seiles angekommen, nehmen sie sich einen Zapfen aus dem Eimer, springen und steigen damit von Baumscheibe zu Baumscheibe und legen ihren Leckerbissen in den Reifen. Dann machen sie sich erneut auf Futtersuche!

Klettern und Vorräte sammeln wie die Eichhörnchen

Bewegung: Verstecken und Suchen

Material

- ✔ Naturmaterialien (z. B. Eicheln, Zapfen, Nüsse)
- ✔ Picknickdecken

So geht's

Bei diesem Bewegungsangebot spielen die Kinder Waldtiere, die im Herbst Vorräte für den Winter anlegen. Jedes Kind darf wählen, ob es ein Eichhörnchen oder eine Waldmaus sein möchte, und bekommt bis zu zehn Eicheln, Zapfen oder Nüsse. Die Kinder verstecken ihre Vorräte nun möglichst so, dass sie diese später wiederfinden. Danach machen sie es sich auf Decken gemütlich, während Sie von der Winterruhe erzählen:

Ihr wart alle sehr fleißig, ihr Eichhörnchen und Waldmäuse! Der Herbst neigt sich jetzt dem Ende zu, es ist sehr kalt und die Tiere verkriechen sich in ihren Winterquartieren: Die Eichhörnchen ruhen im warmen Kobel hoch oben im Baum und die Waldmäuse verstecken sich in ihrer Mäusehöhle unter der Erde. Hier ist es warm und gemütlich. Doch mit der Zeit bekommen die kleinen Tiere Hunger. Wie gut, dass sich alle schon im Herbst einen Wintervorrat angelegt haben. Sucht jetzt eure versteckten Leckerbissen und macht es euch dann wieder in eurem Winterquartier bequem!

Die Suche beginnt immer wieder von vorn, bis möglichst viele Naturgegenstände wieder eingesammelt sind. Wer findet all seine Verstecke?

Basteln: Eichhörnchen aus Naturmaterialien

Material

- ✔ Toilettenpapierrollen (leer)
- ✔ Bastel-Eier
- ✔ Tonkarton (braun)
- ✔ Acrylfarben (braun und weiß)
- ✔ Sternzwirn (schwarz)
- ✔ Wackelaugen (alternativ: Permanent-Marker)
- ✔ Naturmaterialien (Fichtenzapfen, Walnüsse, Bucheckern, Eichelhütchen, Lärchenzäpfchen)
- ✔ Scheren
- ✔ Pinsel
- ✔ Bleistifte
- ✔ Klebstoff
- ✔ Heißkleber
- ✔ evtl. Märchenwolle (braun)

Tolle Herbstdeko aus Pappe und Naturmaterialien!

So geht's

Bevor Sie mit dem Basteln beginnen, zeigen Sie den Kindern eine Abbildung von einem Eichhörnchen: Wie sehen die Ohren, die Pfoten oder der Schwanz des Tieres aus? Welche Farbe hat sein Fell? Was fällt den Kindern noch auf?

Den gebastelten Eichhörnchen dienen eine Papprolle als Körper und ein Bastel-Ei als Kopf. Schneiden Sie jede Rolle am oberen Rand etwas schräg nach vorn ab. Jedes Kind bemalt dann zunächst eine Rolle und ein Bastel-Ei mit brauner Farbe. Mit weißer Farbe wird vorn an der Rolle der Bauch des Eichhörnchens angedeutet. Sobald die Farben getrocknet sind, klebt jedes Kind sein Bastel-Ei als Kopf auf die abgeschrägte Papierrolle.

Im nächsten Schritt zeichnen die Kinder auf braunen Tonkarton die Füße für ihre Eichhörnchen auf, schneiden diese aus und kleben sie unter die Rolle. Ebenso werden die Vorderpfoten auf braunen Tonkarton aufgezeichnet, ausgeschnitten und dann seitlich an die Rolle geklebt. Zwischen beiden Pfoten wird eine Nuss fixiert. Den vorstehenden Füßen dient jeweils ein Lärchenzäpfchen als Zierde.

Für die Schnurrhaare schneiden die Kinder ein paar Zwirnfäden zu. Verknoten Sie diese in der Mitte. Sobald die Zwirnfäden an der Kopfspitze befestigt sind, wird ein Eichelhütchen als Schnäuzchen darübergeklebt. Falls keine Wackelaugen zur Verfügung stehen, malen die Kinder mit Permanent-Marker Augen auf.

Zum Schluss fixieren Sie mit Heißkleber einen Fichtenzapfen als Schwanz an der Rückseite der Papierrolle und zwei Bucheckern als Ohren auf dem Kopf. Achtung: Heißkleber ist nicht für Kinderhände geeignet!

TIPP

Im Winter wachsen dem Eichhörnchen kleine Haarbüschel an den Ohren, die vor Kälte schützen. Wer mag, kann aus Märchenwolle kleine Büschel zupfen und diese an die Ohren seines Eichhörnchens kleben.

6 Schätze und Farben der Natur

Wald und Natur eröffnen Kindern eine ganz eigene zauberhafte Welt. Jede Jahreszeit zeigt sich in ihrer unverwechselbaren Schönheit. Besonders viel Spielraum für Entdeckungen und Erkundungen bietet der Herbst. Zu dieser Jahreszeit werden viele Baumfrüchte reif, mit denen Kinder gern spielen und basteln. Die Blätter der Bäume färben sich bunt und tanzen im Herbstwind durch die Luft. Überall bedeckt Laub die Erde, sodass jeder Schritt raschelt und knistert.

Die Jahreszeiten erleben

Nehmen Sie sich Zeit, mit Ihren Kindern das Abenteuer *Natur* im **Frühling, Sommer, Herbst und Winter** zu erleben. Wind und Wetter zu spüren, Waldluft einzuatmen und die bunte Farbenvielfalt zu sehen, macht frei und lebendig. Indem Sie den Jungen und Mädchen die Möglichkeit geben, Natur, Wald oder Park mit allen Sinnen zu erleben, legen Sie auch den Grundstein für Achtung und Respekt gegenüber der Natur.

Kinder lieben es, draußen kleine Schätze zu suchen. Auf der **Suche nach Naturmaterialien** schauen sich die kleinen Entdecker*innen ihre Umgebung ganz genau an – hier liegt ein Stöckchen, dort eine Feder und da ein schöner Stein! Sie erkunden ihre Umwelt und setzen sich mit ihr auseinander. Jedes Fundstück ist für die Kinder etwas ganz Besonderes und wird wie ein Schatz aufbewahrt.

Angebote rund um die Schätze und Farben der Natur

Mit einer **Geschichte** erleben die Kinder den Zauber des Herbstes und erfahren, warum sich in dieser Jahreszeit die Blätter verfärben und von den Bäumen fallen.

Naturerfahrungen regen dazu an, die Natur mit allen Sinnen wahrzunehmen. Die Kinder gehen auf Schatz- und Farbensuche und finden die unterschiedlichsten Dinge, die betrachtet, gefühlt und beschnuppert werden.

Eine **Klanggeschichte** erzählt von einem Eichhörnchen, das auf Futtersuche ist und dabei Freundschaft mit anderen Tieren schließt. Dazu dürfen die Jungen und Mädchen verschiedene Naturschätze sammeln und zum Klingen bringen.

Bei einem **Bewegungsparcours** haben die Kinder viel Spaß am Laufen, Balancieren und Werfen. Dabei spielen sie mit einfachsten Materialien, die draußen in Wald, Park und Garten zu finden sind.

Ergänzend werden die Kinder mit verschiedenen Naturmaterialien kreativ und kreieren eigene Naturkunstwerke. Fantasie und Ideenreichtum werden bei solchen **Kreativangeboten** besonders gefördert.

Jede Jahreszeit hat ihren Zauber!

Geschichte: Herbstzauber

An einem schönen Morgen im Herbst machen sich die Kindergartenkinder der Regenbogengruppe auf den Weg in den Wald. Die Welt ist wie verzaubert: Nebel liegt wie ein feiner Schleier über Häusern, Wiesen und Büschen. Die Luft ist so frisch und feucht, dass kleine Dampfkringel entstehen, wenn die Kinder ausatmen. Wie von Zauberhand gemalt, sind Spinnennetze sichtbar, denn der leichte Nebel und der Morgentau haben jeden Faden mit feinen Tropfen umhüllt. Und überall sieht man Schnecken kriechen, die den feuchten Herbst lieben.

Als sie im Wald ankommen, sind die Kinder überrascht: Seit ihrem letzten Ausflug hat sich einiges verändert! „Wie bunt hier alles ist", staunt Amir. Die Blätter haben sich verfärbt – sie leuchten gelb, orange und rot! Der Wind schüttelt an den Zweigen und lässt einige bunte Blätter zu Boden schweben. „Warum sind die Blätter so bunt geworden? Und warum fallen sie von den Bäumen?", wollen die Kinder wissen. „Im Herbst färben sich die Blätter und fallen von den Ästen, weil die Bäume sich auf den Winter vorbereiten", erklärt Ella, die Erzieherin. „Sobald es kälter wird und die Sonne tagsüber weniger scheint, sammelt der Baum all seine Kraft für den Winter und den kommenden Frühling in seinem Stamm. Er zieht alle wichtigen Nährstoffe aus den Blättern in seinen Stamm zurück. Dadurch verschwindet das Grün in den Blättern, die der Baum dann abwirft. Denn wenn er keine Blätter versorgen muss, kann ein Baum ziemlich lange ohne Wasser auskommen. Im Winter ist das hilfreich, weil das Wasser im Boden meist gefroren ist, sodass der Baum es nicht so gut aufnehmen kann. Im Frühjahr, wenn der Winter vorbei ist, saugt der Baum mit seinen Wurzeln wieder viel Wasser in seinen Stamm und es wachsen ihm wieder neue, grüne Blätter."

Die Regenbogengruppe läuft weiter durch den Wald. Es gibt viel zu entdecken: Jetzt im Herbst ist auch die Zeit der Pilze, die an Baumstämmen und am Waldboden wachsen. Viele Waldfrüchte sind reif und der Boden ist übersät von herabgefallenen Eicheln, Bucheckern und Zapfen. Vom Waldrand her leuchten die roten Hagebutten der Heckenrosen den Kindern entgegen. Die Natur zeigt sich in ihren schönsten Farben.

Fröhlich sammeln die Kinder bunte Blätter, große und kleine Zapfen, Eicheln und andere Naturschätze, die sich wunderbar zum Basteln und Spielen eignen. Die Natur ist voller Schätze, auch für die Waldtiere. Im Herbst gibt es besonders viele Leckerbissen für sie: Eicheln, Bucheckern, Kastanien, Hagebutten, Nüsse und andere Samen dienen als Nahrung für Vögel, Waldmäuse, Eichhörnchen, Wildschweine, Rehe und viele andere Tiere im Wald.

Ella erzählt den Kindern, dass Waldmäuse, Eichhörnchen und Eichelhäher im Herbst besonders fleißig sind. Sie sammeln Leckereien und verstecken sie als Wintervorrat in der Erde. Im Winter, wenn die Bäume kahl sind, der Boden mit Schnee bedeckt ist und es kein Futter mehr gibt, dann können die Tiere ihre versteckten Vorräte wiederfinden und überleben so den kalten Winter. Einige Samen bleiben im Boden übrig. Aus ihnen wachsen neue Bäume. Die Tiere haben somit also Bäume für den Wald gepflanzt – ein wichtiger Beitrag für unsere Natur!

TIPP

Erleben Sie mit den Kindern den Zauber des Herbstes. Draußen gibt es in dieser Jahreszeit viel zu erleben: Spürt ihr, wie der Herbstwind durch eure Haare weht? Seht ihr die Blätter von den Bäumen fallen und im Wind tanzen? Hört ihr das Rascheln bei jedem Schritt, den ihr durch das Herbstlaub macht?

Klanggeschichte: Das Eichhörnchen sucht einen Freund

Material

- ✔ Klangmaterialien aus der Natur (z. B. Stöckchen, Steine, Blätter, Kastanien)
- ✔ 1 Glockenspiel

So geht's

Machen Sie sich mit den Kindern draußen auf die Suche nach Naturmaterialien, mit denen man Klänge und Geräusche erzeugen kann: Steine, Kastanien, Nüsse oder Äste lassen sich z. B. aneinanderschlagen, mit Blättern kann man wunderbar rascheln. Holz klingt besonders schön und je nach Holzart entstehen unterschiedliche Töne – leise, laut, hell, dumpf ... Hier sind die Kinder einfallsreich und begleiten gern mit ihren „Naturinstrumenten" eine Klanggeschichte.

TIPP

Die folgende Geschichte enthält Vorschläge für die klangliche Begleitung. Lassen Sie die Kinder selbst Naturgegenstände auswählen und nach eigenen Ideen suchen, wie die Geschichte verklanglicht werden kann.

Das Eichhörnchen sucht einen Freund

Es ist Herbst. Schon seit Tagen ist das **rote Eichhörnchen** ganz allein im Park. Im Sommer wimmelt es hier von Menschen und das Eichhörnchen zeigt ihnen gern seine Kunststücke.
(zwei Stöckchen aneinanderschlagen)

Besonders die Kinder freuen sich, wenn das Eichhörnchen von Ast zu Ast springt oder am Baumstamm auf- und abklettert.
(ausgelassenes Stöckchenspiel)

Doch jetzt, wo es kälter und nasser geworden ist, kommt kaum noch jemand in den Park. Das Eichhörnchen fühlt sich sehr einsam.
(leises und langsames Stöckchenspiel)

Gern hätte das Eichhörnchen einen Freund, denn so allein könnte der Winter ganz schön lang werden.
(leises und langsames Stöckchenspiel)

Schon seit Tagen hört das Eichhörnchen eine kleine **Meise** in den Zweigen singen. *(Glockenspiel)*

„Wie schön der Vogel singt", denkt das Eichhörnchen. „Vielleicht möchte er mein Freund sein." Doch die kleine Meise fliegt jedes Mal schnell davon, sobald das Eichhörnchen in ihre Nähe kommt.
(schnelles Glockenspiel)

„Bleib doch hier, ich tu dir nichts!", ruft das Eichhörnchen der Meise zu. Ganz vorsichtig und langsam nähert sich das Eichhörnchen jetzt dem Vogel.
(leises und langsames Stöckchenspiel)

Diesmal fliegt die Meise nicht davon. Sie freut sich über die Gesellschaft des Eichhörnchens. Die beiden beschließen, von nun an Freunde zu sein. Voller Freude singt die kleine Meise ein schönes Lied und das Eichhörnchen vollführt dazu die tollsten Kunststücke im Baum.
(ausgelassenes Glocken- und Stöckchenspiel)

Plötzlich hören die beiden ein Klopfen. Es ist der **Specht**, der gerade mit seinem Schnabel ein Loch in den Baumstamm klopft.
(zwei Steine aneinanderschlagen)

„Was machst du da?", fragt das Eichhörnchen neugierig. „Das wird mein neues Quartier!", antwortet der Specht. „Toll, eine Höhle mitten im Baumstamm!", staunt das Eichhörnchen. „Was für ein Jammer, dass mein Nest kaum wintertauglich ist. Seit Tagen regnet es hinein." – „Wenn du möchtest, kannst du in meine alte Baumhöhle ziehen", bietet der Specht an. „Ich brauche sie nicht mehr."
(Spiel mit Steinen)

„Wirklich? Oh, danke, das ist aber lieb von dir!", freut sich das Eichhörnchen und hüpft begeistert auf und ab. Auch die kleine Meise zwitschert zufrieden.
(fröhliches Stöckchen- und Glockenspiel)

Gemeinsam machen sich das Eichhörnchen, die Meise und der Specht also auf zur alten Spechthöhle. Die Tiere helfen dem Eichhörnchen, die leer stehende Höhle mit Gräsern und Moos auszupolstern. Wie gemütlich es geworden ist! Jetzt hat das Eichhörnchen einen schönen Platz, wo es den langen Winter verbringen kann. Alle drei Tiere sind begeistert.
(ausgelassenes Spiel mit Stöckchen, Glockenspiel und Steinen)

Wie glücklich das Eichhörnchen nun wieder ist – wäre da nur nicht die Sorge, wo es im Winter Futter finden soll. Hier im Park ist das Futter leider knapp. An den Sträuchern hängen kaum noch Hagebutten und Beeren und nur noch selten bringt ein Parkbesucher einen Leckerbissen vorbei.
(leises und langsames Stöckchenspiel)

Da huscht plötzlich eine kleine **Haselmaus** vorbei.
(Blätterrascheln)

„Warum schaust du denn so traurig?", fragt die Haselmaus das Eichhörnchen. „Ich habe Hunger!", antwortet das Eichhörnchen. „Komm mit, ich zeige dir, wo es die besten Haselnusssträucher gibt!", ruft ihm die Haselmaus zu. Und so machen sich die beiden gemeinsam auf den Weg, um Futter zu suchen.
(Blätterrascheln und Stöckchenspiel)

Als die Haselmaus stehen bleibt, traut das Eichhörnchen seinen Augen kaum: So viele Nüsse auf einmal hat es noch nie gesehen! Gemeinsam schlagen sich die beiden neuen Freunde ihre Bäuchlein voll.
(ausgelassenes Blätterrascheln und Stöckchenspiel)

Heute haben das Eichhörnchen und die Haselmaus viel zu tun: Sie sammeln und verstecken Nüsse für ihren Wintervorrat.
(Blätterrascheln und Stöckchenspiel)

Am Abend sind beide sehr müde. Sie lauschen dem schönen Gesang der Meise und dem Specht, der immer noch an seiner Behausung klopft, bis sie eingeschlafen sind.
(sanftes Glockenspiel und Spiel mit Steinen)

Als das Eichhörnchen am nächsten Tag aufwacht, hüpft auf dem Nachbarbaum ein **braunes Eichhörnchen** umher. Es sieht fast genauso aus wie das rote Eichhörnchen, aber sein Fell ist viel dunkler.
(zwei Kastanien aneinanderklopfen)

„Willkommen im Park! Dich habe ich hier noch nie gesehen!", begrüßt das rote Eichhörnchen das braune Eichhörnchen. „Was machst du denn hier?" – „Ich komme aus dem Wald", antwortet das braune Eichhörnchen. „Leider hat ein heftiger Sturm meine Fichte entwurzelt und umgeworfen. Mein Kobel ist völlig zerstört. Ich bin auf der Suche nach einem neuen Zuhause! Ein neues Nest zu bauen, kostet viel Zeit, und ich muss auch noch meine ganzen Wintervorräte sammeln." – „Du kannst bei mir wohnen!", schlägt das rote Eichhörnchen vor. „In meiner Höhle ist genug Platz für zwei!" – „Oh, danke, wie lieb du bist!", antwortet das braune Eichhörnchen glücklich.
(Spiel mit Kastanien)

Nun sieht man die beiden Eichhörnchen in den Bäumen toben und springen, so fröhlich wie noch nie.
(ausgelassenes Spiel mit Kastanien und Stöckchen)

Von nun an sind die zwei Eichhörnchen und die Haselmaus unzertrennlich. Fleißig sammeln sie gemeinsam Vorräte für den Winter. Die Meise leistet ihnen dabei Gesellschaft und zwitschert in den schönsten Tönen. Auch der Specht ist immer mit dabei. Er klopft an alten Baumstämmen und sucht dort nach schmackhaften Larven.
(Glockenspiel und alle Klangmaterialien)

Alle Tiere sind glücklich. Sie sind die besten Freunde geworden und keiner ist allein. Abends kuscheln sich die beiden Eichhörnchen in die alte Spechthöhle, die Haselmaus kriecht in ihr Kugelnest, der Specht behaust seine neue Höhle und die kleine Meise singt den Tieren das schönste Gutenachtlied.
(sanftes Glockenspiel)

TIPP

Gern spielen die Kinder die Geschichte auch als Rollenspiel nach.

Naturerfahrung: Die Schätze der Natur

Kinder sehen in vielen kleinen Dingen, die für uns Erwachsene unscheinbar wirken, etwas Wertvolles. Sie lieben es, nach kleinen Schätzen zu suchen. Gerade draußen in der Natur gibt es viele besondere Entdeckungen zu machen.

Auf Schatzsuche in der Natur

Laden Sie die Kinder zu einer Naturschatzsuche in Wald, Park oder Garten ein:
*Die Natur ist voll von kostbaren Schätzen. Lasst uns draußen gemeinsam auf Naturschatzsuche gehen. Ich bin mir sicher, dass jede*r von euch schöne, kleine Schätze findet!*

Alle Kinder machen sich nun auf die Suche nach interessanten und schönen Dingen in der Natur: Hier findet sich ein schön geformter Stein, dort ein kleiner Zapfen und da ein leeres Schneckenhaus! Geben Sie ausreichend Zeit für individuelle Entdeckungen. Danach kommen alle zusammen und jedes Kind darf der Gruppe seine Naturschätze präsentieren. Gemeinsam werden die Fundstücke betrachtet, beschrieben und gewürdigt: Was gefällt dir an deinem Schatz? Was ist das Besondere daran?

TIPP

Zur Abwechslung können Sie den Kindern auch konkrete Suchaufträge geben, wie beispielsweise: Sucht etwas Rundes, Glattes, Spitzes, Leichtes, Schweres oder Raues!

Persönliche Schatzkisten

Material

- ✔ 1 Eierkarton für jedes Kind
- ✔ Acrylfarben
- ✔ Papierreste
- ✔ Bastelfedern
- ✔ Pinsel
- ✔ Scheren
- ✔ Klebstoff

So geht's

Lassen Sie die Kinder vor der Schatzsuche Schatzkisten aus leeren Eierkartons gestalten. Mit Farbe, bunten Papierresten oder Federn verziert jedes Kind seine ganz individuelle Schatzkiste. Darin kann es seine persönlichen Schätze, die es während des Spieles oder auch im Laufe der Jahreszeiten in der Natur findet, sammeln und aufbewahren.

Wichtig: Auf Eierkartons werden Keime wie Salmonellen abgetötet, wenn man die Kartons vor der Verwendung für 10 Minuten bei 80° bis 100° C in einen vorgeheizten Backofen stellt.

Jedes Fundstück ist ein kleiner Schatz.

Naturmemo

Material

- ✔ Naturmaterialien
- ✔ 1 Tuch

So geht's

Das Naturmemo ist ein Konzentrationsspiel für Wald und Garten! Legen Sie dafür mehrere Naturgegenstände, etwa vier bis acht Stück, auf den Boden. Nehmen Sie Dinge, die Sie in unmittelbarer Nähe finden, z. B. einen Stein, ein Eichenblatt, ein Ahornblatt, ein Rindenstück oder ein Ästchen. Die Kinder schauen sich nun die Gegenstände genau an, bevor sie mit einem Tuch zugedeckt werden. Anschließend gehen sie mit dem Auftrag los, die gleichen Gegenstände noch einmal zu suchen.

Naturerfahrung: Sehen, hören, riechen und fühlen

Material

- ✔ Naturmaterialien
- ✔ Schuhkartons (groß)

So geht's

Bei diesem Spiel sammeln Sie mit den Kindern gemeinsam unterschiedlichste Materialien, die draußen zu finden sind, um diese dann in große Schuhkartons zu sortieren. So kann z. B. jeweils ein Schuhkarton mit Steinen, Tannennadeln, Moos, Rinde, Gras, Erde, Sand, Stöckchen, Zapfen, Kastanien oder Blättern gefüllt werden. Sind genügend Schätze zusammengetragen, widmen sich die Kinder intensiv dem Inhalt jedes einzelnen Kartons:

Betrachten, Fühlen und Vergleichen: Welche Gegenstände sind hart, weich, rund, kantig, kalt, warm, leicht, schwer, glatt, rau?

Hören und Lauschen: Welche Geräusche kann man mit den Gegenständen erzeugen – Knistern, Rascheln, Klopfen? Hell, dunkel, laut, leise?

Riechen: Welchen Geruch verströmen die Gegenstände – frisch, feucht, moderig, intensiv, angenehm, süßlich, herb?

TIPP

Bauen Sie einen Barfußparcours, indem Sie die unterschiedlich gefüllten Kartons hintereinander auf den Boden stellen. Die Kinder steigen nun barfuß von Karton zu Karton und nehmen die Materialien mit ihren Füßen wahr: Wie fühlt sich das an? Wer traut sich, mit geschlossenen Augen zu laufen und die Materialien zu erraten? Führen Sie die Kinder dazu an der Hand.

Naturerfahrung: Die Farben der Natur

Material

- ✔ Stofftaschen
- ✔ Stoffbänder in Naturfarben
- ✔ 1 Leinentuch (weiß)

So geht's

Bei trockenem Wetter gehen Sie mit den Kindern draußen auf Entdeckungstour. Machen Sie darauf aufmerksam, wie farbenfroh unsere Natur ist:

Draußen in der Natur ist es wunderschön! Schaut euch einmal bewusst um, welche Farben wir gemeinsam entdecken können, und lasst uns gemeinsam ein paar schöne Dinge in unterschiedlichen Farben sammeln.

Die Kinder werden unzählige Naturgegenstände in unterschiedlichsten Farben entdecken: Grün, Braun, Grau, Weiß, Gelb, Orange, Rot, Blau, Lila – all diese Farben sind je nach Jahreszeit in der Natur zu finden. Besonders viele Farben bieten Frühling und Frühsommer, wenn alles blüht – oder der Herbst, wenn sich die Blätter bunt färben.

Die Natur ist bunt und vielfältig.

TIPP

Bereiten Sie Stofftaschen vor, an denen Sie Bänder in den gesuchten Farben befestigen. Besonders die jüngeren Kinder, die noch nicht alle Farben kennen, tun sich so leichter, die Naturgegenstände den Farben zuzuordnen.

Nach der Entdeckungstour breiten Sie ein großes weißes Leinentuch aus. Darauf dürfen die Kinder ihre gesammelten Entdeckungen farblich sortieren.

Anschließend werden die Fundstücke gemeinsam betrachtet: Von welcher Farbe gibt es besonders viele Dinge? Ergänzend können die Kinder mit den gesammelten Naturmaterialien ein gemeinsames Mandala oder eine Bildkomposition gestalten.

Wichtig: Manche Blumen und Pflanzen stehen unter Naturschutz – diese dürfen nur betrachtet werden! Von Wiesenblumen, wie Gänseblümchen, Klee oder Löwenzahn, die in großer Zahl wachsen, dürfen einzelne gepflückt werden. Zum Sammeln eignen sich leere Schneckenhäuser, kleine Steine, Blätter, Stöckchen, abgebrochene Rinde, Eicheln, Kastanien, Hagebutten, Zapfen und andere Samen.

Bewegung: Naturparcours

Material

- ✔ Straßenmalkreide oder Stöcke
- ✔ Naturmaterialien (Laub, Blätter, Kastanien, Zapfen, Moos, Holzstücke, Rindenstücke, Wurzelstücke, Steine)
- ✔ Äste, Stöckchen und Zweige
- ✔ Weiden- oder Haselnussruten
- ✔ Pappteller
- ✔ Kartons
- ✔ Schnur
- ✔ Löffel
- ✔ 1 Schere

Vorbereitung des Parcours

Als Spielfeld kommen eine Waldlichtung oder ein Waldweg ebenso infrage wie eine Wiese im Park oder im Außenbereich der Kita. Bereiten Sie dort mehrere Spielstationen vor, an denen die Kinder auf unterschiedliche Weise ihre Kooperationsfähigkeit, Ausdauer, Geschicklichkeit, Koordination und Balance trainieren können. Für die Laufspiele versehen Sie eine Strecke von etwa 10 m mit einer Startlinie und einem Zielpunkt. Beide können Sie in den Boden ritzen, mit Straßenmalkreide aufmalen oder mit Stöcken markieren.

Suchen Sie vorab außerdem mit den Kindern einige Naturgegenstände, die im Parcours eingesetzt werden, und legen Sie alles bereit.

Vorbereitung der Raupen

Material

- ✔ Chenilledraht
- ✔ Holzscheiben (klein)
- ✔ Kastanien oder Eicheln
- ✔ Handbohrer
- ✔ Perlen
- ✔ Wackelaugen
- ✔ Stifte (rot und schwarz)
- ✔ Scheren
- ✔ Klebstoff

An jeder Station des Parcours wird die Raupe ergänzt.

Nach jeder Station dürfen die Kinder eine Holzscheibe sowie eine Kastanie oder Eichel auf ihre Raupe auffädeln. Bereiten Sie für jedes Kind eine Raupe vor – oder lassen Sie die Kinder selbst ans Werk gehen!

Eine Raupe entsteht, indem Sie einen Chenilledraht durch eine durchbohrte Holzscheibe fädeln, sein Ende zu einer Nase umbiegen und etwas festkleben, sodass der Draht gut hält. In den oberen Rand der Holzscheibe bohren Sie mit einem Handbohrer zwei Löcher, in die Sie je ein Stück Chenilledraht als Fühler kleben. Auf jeden Fühler fädeln Sie eine Perle, die Sie mit etwas Kleber am oberen Ende des Fühlers fixieren. Jetzt versehen Sie die Holzscheibe noch mit zwei Wackelaugen und einem aufgemalten Mund – fertig ist das Grundgerüst einer freundlichen Raupe!

Damit die Kinder ihre Raupenkörper während des Parcours ergänzen können, legen Sie eine Menge durchbohrte Holzscheiben, Kastanien und Eicheln bereit.

So geht's

Bevor es losgeht, laufen Sie mit den Kindern die einzelnen Stationen ab, um jedes Spiel zu erläutern. Bei Bedarf geben Sie den Jungen und Mädchen

Hilfestellung. Folgende Spiele können Sie in den Naturparcours einbauen – jedes Spiel lässt sich natürlich aber auch einzeln spielen:

Aufwärmen: Lassen Sie die Kinder beliebige Waldtiere spielen, z. B. hüpfen wie ein Hase, fliegen wie ein Vogel, flitzen wie eine Maus, springen wie ein Eichhörnchen, schweben wie ein Waldkauz oder die Arme im Wind schaukeln lassen wie ein Baum.

Tellerlauf: Jeweils zwei Kinder halten gemeinsam einen Teller, auf den Laub gehäuft wird. Welches Team schafft es, ins Ziel zu kommen, ohne dabei ein Blatt zu verlieren?

Kastanienlauf: Auf einem Löffel transportieren die Kinder eine Kastanie vom Start- zum Zielpunkt. Wird die Kastanie oben bleiben? Gelingt es auch zu zweit, wenn die Kinder sich an der einen Hand halten und mit der freien Hand einen Löffel mit Kastanie halten?

Holztransport: Die Kinder klemmen sich ein kleines Holzstück längs oder quer zwischen die Knie und laufen damit den vereinbarten Weg entlang, ohne das Holz mit den Händen zu berühren. Wer erreicht das Ziel, ohne sein Holzstück zu verlieren? Bei diesem Spiel sollte der Weg nicht länger als 5 m sein.

Naturmaterialien transportieren – ohne Einsatz der Hände!

Naturtransport: Die Kinder versuchen, auf und mit ihrem Körper Naturgegenstände (z. B. Rindenstücke, Zapfen, Moos oder Blätter) über eine bestimmte Strecke zu transportieren, ohne dabei ihre Hände einzusetzen. Wie wäre es, die Gegenstände auf den ausgestreckten Armen, den Schultern, dem Kopf oder unter den Achseln zu transportieren? Welche und wie viele Naturgegenstände bringen die Kinder ins Ziel? Gelingt der Transport auch auf unebenem Waldboden, über einen quer liegenden Baumstamm hinweg oder über einen steinigen Pfad?

Zapfenwurf: Die Kinder haben Spaß daran, Zapfen in Gefäße zu werfen. Stellen Sie Kartons in geeignetem Abstand auf und los geht die Wurfparade!

Astroller: Die Kinder versuchen, jeweils einen Ast mithilfe von Stöckchen vom Start- zum Zielpunkt zu führen. Die Bahn sollte dabei nicht verlassen werden. Wer schafft es, seinen Ast ins Ziel zu rollen?

Stöckchentransport: Jeweils zwei Kinder stehen sich gegenüber und halten zwei Stöcke von etwa gleicher Länge an den Enden parallel zwischen sich. Legen Sie nun einen Gegenstand aus der Natur (z. B. Rindenstück, Zweig, Wurzelstück, großes Blatt oder Stein), je nach Wunsch der Kinder, auf die beiden Stöcke. Die Aufgabe der Paare ist es nun, den Naturgegenstand ins Ziel zu transportieren, ohne dabei die Hände von den Stöcken zu nehmen. Welcher Gegenstand lässt sich am leichtesten transportieren?

Ringwurf: Stecken Sie kleine Stöckchen in den Boden. Von einem festgelegten Ausgangspunkt versuchen die Kinder nun, Ringe über die Stöckchen zu werfen. Aus Weiden- oder Haselnusszweigen lassen sich Ringe biegen und an den Enden mit einer Schnur verknoten.

Eine wackelige Angelegenheit!

Wer landet einen Treffer?

Gestalten: Naturspielkiste

Material

- ✔ Schuhkartons
- ✔ Acrylfarben
- ✔ Blätter (getrocknet)
- ✔ Papier (bunt)
- ✔ Naturmaterialien
- ✔ Filzreste
- ✔ Chenilledraht
- ✔ Wackelaugen (klein)
- ✔ Zahnstocher
- ✔ Pinsel
- ✔ Scheren
- ✔ Klebstoff

Eine Naturspielkiste regt Fantasie und Kreativität an!

Aus Naturmaterialien entstehen kleine Fantasiefiguren zum Spielen.

So geht's

Ein leerer Schuhkarton eignet sich prima zum Gestalten und Spielen. Lassen Sie zunächst einen oder mehrere Kartons beliebig von den Kindern ausgestalten. Mit viel Fantasie und Kreativität werden die Kartons bemalt und mit buntem Papier oder getrockneten Blättern beklebt.

Jeder Karton dient nun als Spielkiste, die die Kinder mit selbst gesammelten Naturgegenständen als Spielmaterial ausstatten. Die Naturgegenstände können auch weitergestaltet werden, sodass kleine Figuren und Spielsachen entstehen. Mit etwas Fantasie und Klebstoff werden aus Zapfen und Kastanien kleine Spielfiguren, wie z. B. Waldtiere oder Elfen. Steine, Rindenstücke, Äste und Holzstücke dienen als Tisch, Stühle oder Betten. Blätter und Gräser werden zu Tisch- und Bettdecken. Kleine Steine und Eichelhütchen sind das Geschirr. Die Kinder haben hier oft ganz eigene Ideen und werden sehr kreativ. Die Inhalte der Naturspielkiste können nun unterschiedlichste Spiele anregen. Den Kisteninhalt dürfen die Kinder immer wieder erweitern oder auch verändern.

Geben Sie den Kindern, falls nötig, zu Beginn Anregungen für die Gestaltung der Kiste und Spielimpulse. Es hilft auch, im Vorfeld eine erste Spielkiste zu gestalten und den Kindern ein kleines Rollenspiel mit den gebastelten Figuren vorzuspielen.

Gestalten: Naturgalerie

Material

- ✔ Zweige und Äste
- ✔ Naturmaterialien

Naturkunst im Rahmen

So geht's

Lassen Sie jedes Kind aus Ästen und Zweigen einen Bilderrahmen auf den Boden legen. Anschließend ziehen Sie mit der Gruppe los, um nach verschiedenen Naturmaterialien für die Kunstwerke zu suchen. Ganz individuell gestaltet jedes Kind mit den gesammelten Materialien ein Bild in seinem Rahmen. Sobald alle fertig sind, laden Sie zur „Vernissage" in die Naturgalerie ein. Bei einem Rundgang können die Kinder ihre Naturkunstwerke gegenseitig betrachten und wertschätzen.

Gestalten: Naturgehänge

Material

- ✔ Holunderäste
- ✔ Naturmaterialien (z. B. Eicheln, Kastanien, Zapfen)
- ✔ Laubsägen (klein)
- ✔ Handbohrer
- ✔ Nägel
- ✔ Acrylfarben
- ✔ Pinsel
- ✔ Chenilledraht

Perlen aus Holunderästen

So geht's

Aus Holunderästen lassen sich tolle Perlen basteln. Die Kinder sägen mit einer Laubsäge einfach von den Ästen dünne Stücke ab, schälen die feine Rinde ab und bohren mit einem Nagel oder einem Handbohrer ein Loch in das weiche Innere. Lassen Sie die Holunderstücke über mehrere Tage gut trocknen. Anschließend können die Kinder die Perlen mit bunten Farben und Mustern bemalen. Nach dem Trocken werden die Perlen auf Chenilledraht aufgefädelt. Dazwischen stecken die Kinder Blätter, durchbohrte Kastanien oder Eicheln auf – und schon entsteht ein tolles Naturgehänge.

Biegen Sie zum Schluss den Chenilledraht oben zu einer Aufhängeschlaufe. Am unteren Ende können Sie den Draht einfach etwas umbiegen oder um den Strunk eines Zapfens wickeln.

Die Kinder gestalten individuelle Naturgehänge.

TIPP

Wollen Sie kleine Blätter oder Blumen haltbar machen? Gepresst und auf kleine Karton- oder Holzscheiben geklebt, bleiben sie länger erhalten und können immer wieder von den Kindern betrachtet und benannt werden.

Bildkarten: Vögel